Lorenza Cingoli

Las HISTORIAS MÁS BELLAS DE MITOS NÓRDICOS Y VIKINGOS

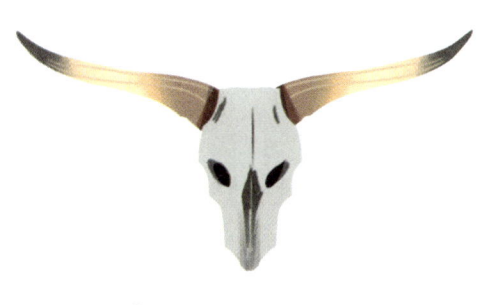

Ilustraciones de
Elisa Bellotti

GRIBAUDO

LAS HISTORIAS MÁS BELLAS DE MITOS NÓRDICOS Y VIKINGOS

Título original: Le più belle storie di vichinghi e altri miti nordici
Texto: Lorenza Cingoli
Ilustraciones: Elisa Bellotti
Traducción: Marc Cornelis (La Letra, S.L.)
Adaptación española: La Letra, S.L.

Redazione Gribaudo
Via Strà, 167/F
37030 Colognola ai Colli (VR)
redazione@gribaudo.it

Responsable de producción: Franco Busti
Responsable de redacción: Laura Rapelli
Responsable gráfico: Meri Salvadori
Fotolito y preimpresión: Federico Cavallon, Fabio Compri
Secretaría de redacción: Emanuela Costantini
Impresión y encuadernación: Liberdúplex (Barcelona)

© 2020 GRIBAUDO - IF - Idee editoriali Feltrinelli srl
Socio Único Giangiacomo Feltrinelli Editore srl
Via Andegari, 6 - 20121 Milán
info@editorialgribaudo.com - www.editorialgribaudo.com

Primera edición: octubre de 2020
Segunda edición: mayo de 2022

ISBN: 978-84-17127-71-8
D.L.: B. 10395-2022

Todos los derechos reservados, en Italia y en el extranjero, para todos los países. Ninguna parte de este libro puede ser reproducida, memorizada o transmitida con cualquier medio y en cualquier forma (fotomecánica, fotocopia, electrónica, química, sobre disco u otros, incluidos cine, radio y televisión) sin la autorización escrita del Editor. En cada caso de reproducción abusiva se procederá de oficio según la ley. Toda referencia a personas, cosas o empresas tiene como única finalidad la de ayudar al lector en la memorización.

Entre mito e historia

卐

Los grandes guerreros y exploradores vikingos, así como la rica y variada mitología nórdica, situada en el confín entre fábula, tradición y leyenda, han servido de inspiración a la literatura, los cómics y las sagas cinematográficas.

Este universo mítico cobra vida en Yggdrasil, el fresno mágico que hunde sus raíces en las profundidades de la tierra, mientras sus ramas suben hasta el cielo, acariciando las nubes. Es el árbol prodigioso que reúne todos los mundos conocidos: Asgard, la residencia de los dioses Æsir, Vanaheim, el reino de los dioses Vanir, Midgard, la tierra media, además de los reinos de los elfos, los enanos y los gigantes.

En ese mundo variopinto vive Odín, rey de los Æsir, dotado de una sabiduría extraordinaria. Junto a su esposa, Frigg, reina sobre Asgard. Sus vidas se mezclan con las de otras deidades, como el enigmático Loki, considerado hermano de Odín y astuto dios del engaño, la tenebrosa Hela, hija de Loki y reina del Inframundo, el poderoso Thor, dios del trueno con su inseparable martillo Mjolnir, y el espantoso lobo Fenrir, hijo feroz de Loki. Sus vivencias se desarrollan en una narración que acaba en la confrontación de Ragnarok, de la que todo volverá a nacer.

El árbol del mundo

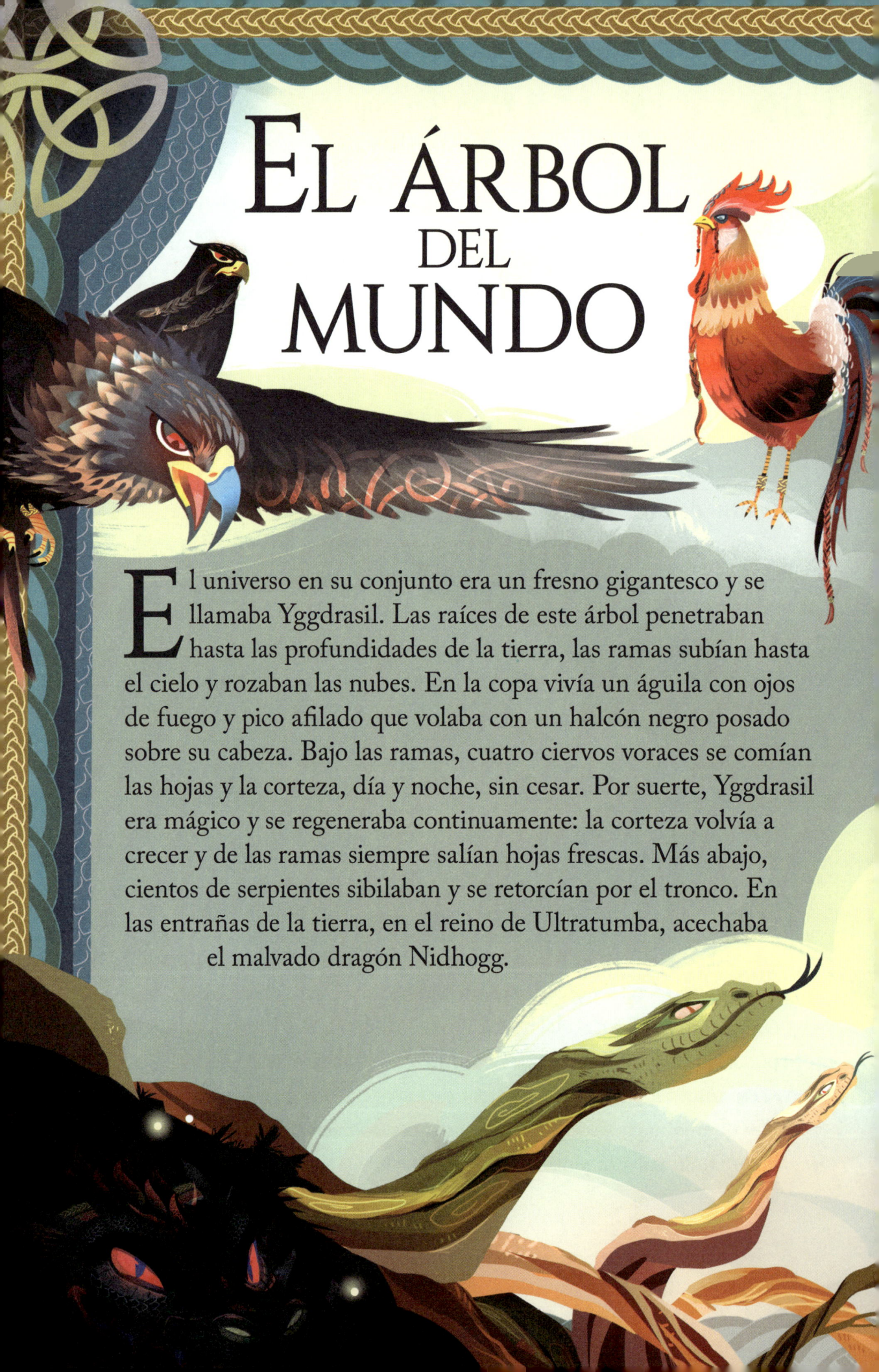

El universo en su conjunto era un fresno gigantesco y se llamaba Yggdrasil. Las raíces de este árbol penetraban hasta las profundidades de la tierra, las ramas subían hasta el cielo y rozaban las nubes. En la copa vivía un águila con ojos de fuego y pico afilado que volaba con un halcón negro posado sobre su cabeza. Bajo las ramas, cuatro ciervos voraces se comían las hojas y la corteza, día y noche, sin cesar. Por suerte, Yggdrasil era mágico y se regeneraba continuamente: la corteza volvía a crecer y de las ramas siempre salían hojas frescas. Más abajo, cientos de serpientes sibilaban y se retorcían por el tronco. En las entrañas de la tierra, en el reino de Ultratumba, acechaba el malvado dragón Nidhogg.

Solo la ardilla Ratatosk se movía a través de todo el árbol. Con sus agilísimas patas se divertía saltando de un sitio a otro para llevar mensajes a todos, en particular al dragón y al águila, aunque como era muy mentiroso, no hacía más que sembrar confusión. Yggdrasil regía el mundo conocido. Él sostenía la tierra de los elfos de la luz, la de los enanos, el reino de los gigantes de hielo y el de Vanaheim, habitado por los dioses Vanir.

ASGARD

MIDGARD

JOTUNHEIM

VANAHEIM

MUSPELLHEIM

Sobre la cima de una roca infranqueable surgía Asgard, morada de los dioses Æsir, señores del cielo y de la tierra. Desde aquí Odín y sus compañeros se trasladaban a menudo a otros lugares como Midgard, la tierra media habitada por los humanos. Para ello no necesitaban descender por Yggdrasil, pues tenían un camino mágico. Era un sendero ardiente y colorido: Brifost, el puente del arcoíris.

Odín y la fuente de Mímir

En un magnífico palacio de plata, en medio del reino de Asgard, vivía Odín. Sentado en su trono entre las nubes, el rey de los dioses contemplaba el mundo.

Su cabello le llegaba a los hombros y su densa barba blanca estaba rematada por dos gruesas trenzas que caían sobre su pecho. También lucía un casco ornamentado con alas de ave rapaz, y blandía una lanza llamada Gungnir.

Aunque era apuesto, musculoso y alto, casi como un gigante (pues, de hecho, su madre era una giganta), ya no era joven. Nadie sabía cuántos años tenía, tal vez cien o doscientos, quizá mil, pero, a pesar de su edad venerable, poseía una fuerza increíble y todos lo temían.

Bastaba con mirar a Freki y Geri, los dos lobos de ojos amarillentos que descansaban a los pies del dios, para darse cuenta de que con Odín no se podía bromear. Aquellos famélicos carnívoros podían exaltarse de un momento a otro. Su temperamento era muy parecido al carácter tempestuoso de su dueño. Sin embargo, Odín sabía escuchar a los demás.

Cuando había que tomar decisiones importantes, convocaba al Consejo de los dioses, que se reunía en una sala enorme, donde siempre estaban preparadas trece sillas: doce para sus aliados y una para él. Al final de aquellas interminables asambleas, Odín sacaba sus conclusiones y siempre se revelaba como el más sabio entre los dioses.

¿De dónde procedía el secreto de aquella sabiduría?

Sus valiosos ayudantes eran Hugin y Munin, nombres que significaban «pensamiento» y «memoria», dos cuervos con plumas más negras que la noche, que se posaban sobre sus hombros.

De vez en cuando, Odín enviaba a las aves a dar una vuelta entre los mortales. Entonces, los dos ayudantes alzaban el vuelo y sobrevolaban Midgard para observar el comportamiento de los humanos: los conflictos, los litigios y las rivalidades, pero también la alegría y los encuentros felices. Después, volvían para informar a su dueño.

De esa manera, el rey de los dioses siempre sabía lo que estaba sucediendo en la tierra media.

No obstante, la sabiduría de Odín no dependía únicamente de las noticias que le comunicaban los cuervos: para conocer su auténtico origen, hay que volver atrás en el tiempo.

Hacía muchos años, cuando todavía era muy joven, Odín había oído hablar de una fuente mágica que manaba en el reino de los gigantes, justo donde el árbol del mundo, Yggdrasil, hundía una de sus raíces en la tierra. El agua que brotaba de esa fuente, según todos, tenía el poder de otorgar infinita sabiduría a cualquiera que la bebiera.

—Quiero beber de esa agua milagrosa —pensó Odín, tamborileando los nerviosos dedos sobre su trono de piedra.

Arriesgarse a entrar en Jotunheim, el reino de los gigantes, no era ninguna broma. Allí, el dios tenía muchos enemigos que podrían causarle más de un problema. No quería enfrentarse con aquellas criaturas colosales.

Tenía que actuar de incógnito. Así, decidió disfrazarse de caminante, algo que le sentaba muy bien.

Se quitó el casco alado, demasiado llamativo, se deshizo de su armadura de guerrero, demasiado incómoda para el viaje, y se vistió con una simple túnica, envolviéndose en una amplia capa con capucha.

—Así estoy perfecto, parezco un mortal que vaga entre un país y otro. —Y se marchó.

Cruzó Bifrost, el puente del arcoíris que unía Asgard con Midgard, y se aventuró más allá de las tierras pobladas por los humanos, en dirección a las montañas de los gigantes de hielo.

Caminó mucho tiempo, superando rocas escarpadas y cimas cubiertas de nieve, hasta llegar a un claro donde manaba la fuente de la sabiduría. En ese lugar no hacía frío; una brisa tibia calentaba el aire.

Un lago de agua límpida se extendía alrededor de la raíz del gran árbol. Debajo de la superficie flotaban lentamente, como en un baile, criaturas luminosas y algas multicolores. Odín se quitó la capucha, se agachó en la orilla y formó un cuenco con las manos para beber.

—¿Qué crees que estás haciendo? —tronó una voz cavernosa.

Odín levantó la mirada, observó los alrededores, pero no vio a nadie.

—¿Quién habla? —preguntó.

—Mira mejor por aquí —replicó la voz.

En ese momento, Odín se dio cuenta de que era el árbol el que hablaba. Atrapado entre las ramas que descendían hacia el agua, vivía un gigante con cara rugosa como la corteza y barba del color del musgo.

—Tú tienes que ser Mímir, el guardián. Es un honor conocerte. Quería beber un trago de esta agua —declaró Odín antes de inclinarse como señal de respeto.

—Menos cuentos —se quejó el gigante—, no me gustan los que pretenden beber de mi fuente sin dar nada a cambio.

—Estoy dispuesto a pagar cualquier precio para saciar mi sed aquí —contestó Odín, audaz.

—¿Ah, sí? ¿Estás seguro? —se burló el guardián.

—Claro. Dime, ¿qué querrás?

—Oooh, una cosita de nada. Uno de tus ojos —sentenció Mímir.

Odín se quedó pensativo un momento. No esperaba tener que pagar un precio tan alto, pero había hecho un largo viaje para llegar a su destino y no quería rendirse.

—Cuando beba un trago de esta agua, me convertiré en el más sabio de los dioses y entonces ya no necesitaré dos ojos, me bastará con uno solo —concluyó.

—Veo que eres razonable —sonrió el gigantesco guardián del árbol.

Y, de esa manera, Odín tomó un cuchillo y, sin soltar ni un solo aullido, se sacó un ojo y lo lanzó al lago. Después, se agachó para beber.

—Un momento, como has sido muy valiente, quiero hacerte un regalo. Bebe con esto. —Mímir le ofreció a Odín un cuerno.

—Te lo agradezco —contestó el joven dios, agarrando el cuerno. Entonces, lo llenó hasta el borde y se bebió el contenido de un solo trago.

El agua de la fuente mágica tenía mil sabores diferentes, sabía a olas de mar y a arena del desierto, a escarcha y fuego, a hierba recién cortada, a leña, a fruta madura y a hojas secas de otoño, sabía a azúcar y sal, a miel y sangre, a calma y tormenta.

Después de beber, Odín se sintió más fuerte que nunca. De repente, todo le parecía más claro, límpido y luminoso.

Una vez en Asgard, empezó a ocultar la cavidad del ojo que había perdido con un grueso mechón de pelo. Con el único ojo restante, era capaz de ver muy lejos. Ahora entendía todos los secretos del mundo.

El «dios ciego», lo llamaban, aunque, en realidad, veía mejor que nadie.

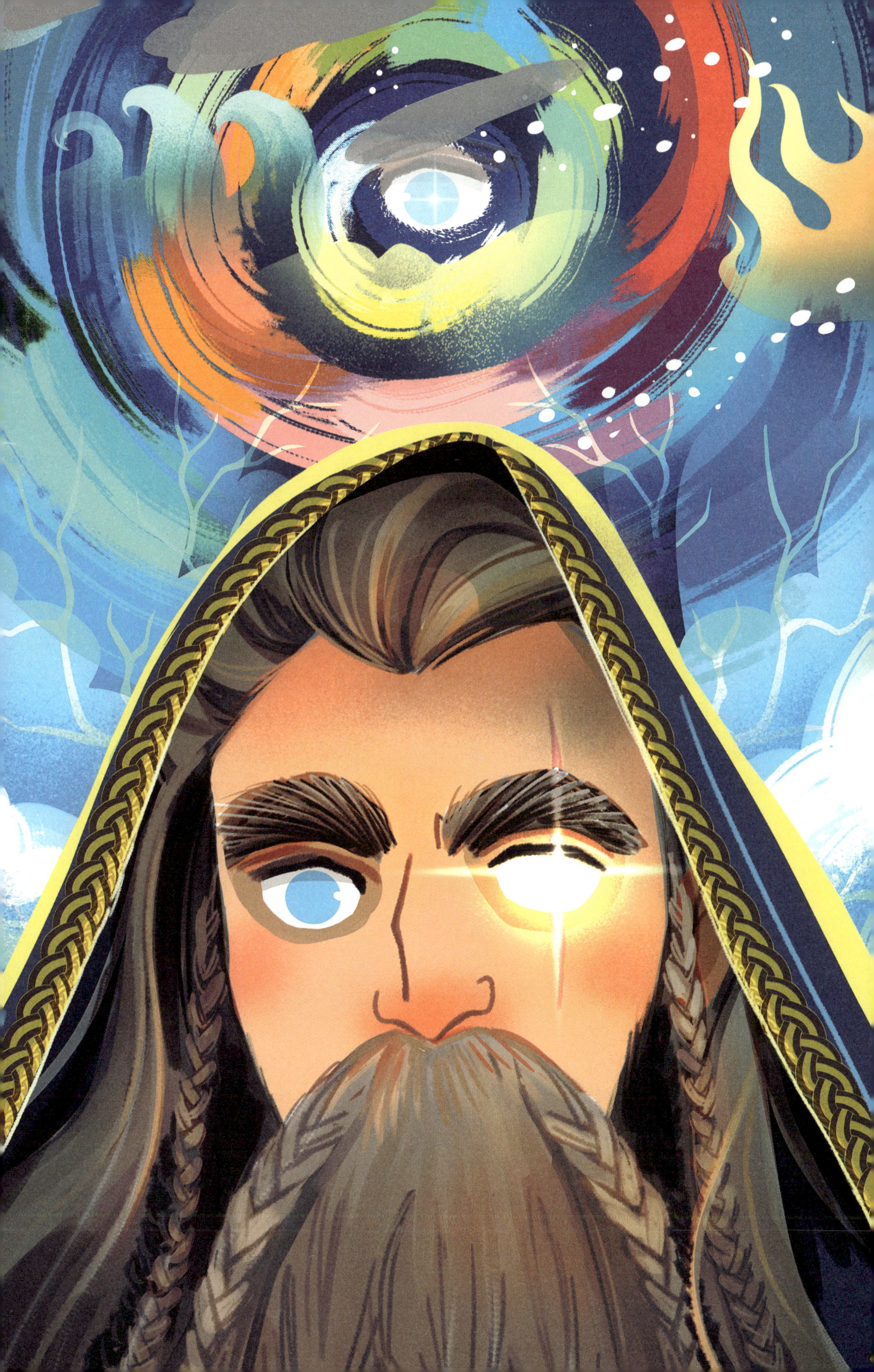

LA GUERRA DE LOS DIOSES

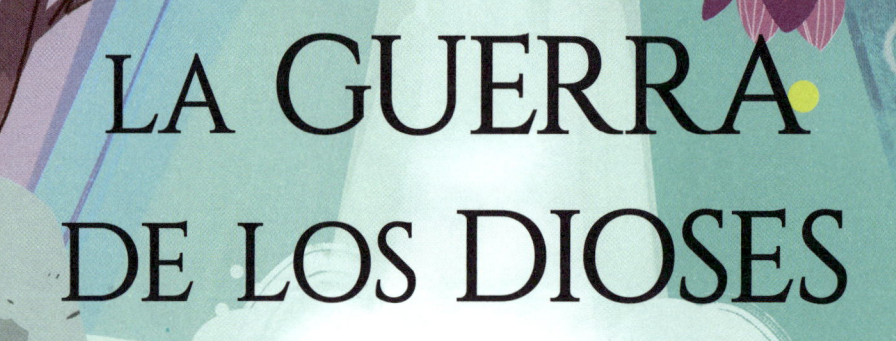

En una tierra fértil, llamada Vanaheim, entre campos de trigo, bosques frondosos y cascadas de agua, vivían los Vanir, una gloriosa estirpe de dioses. Estrechamente vinculados a la naturaleza, los dioses de Vanaheim tenían casas construidas entre las copas de los árboles.

Enredaderas cargadas de flores, campanillas y botones de oro decoraban las salas de sus palacios. Ramas entrelazadas servían de mesas y sillas, la ropa de cama eran hojas gigantescas y las almohadas mullidas estaban llenas de plumas de semillas voladoras.

Estos dioses eran muy diferentes de los Æsir, la familia divina de Asgard. Mientras Odín y sus compañeros se sentían deidades guerreras y se pasaban el día entrenando con la espada y la lanza, los Vanir se dedicaban al estudio de los misterios del universo, observaban las estrellas, las estaciones, el tiempo y las cosechas y también sabían predecir el futuro.

Desgraciadamente, las dinastías divinas se odiaban. Los Vanir eran, desde siempre, los rivales de los Æsir, y no había manera de que se reconciliaran.

Las cosas habían empeorado tras la llegada de una mujer misteriosa a Asgard. Se llamaba Gullveig y, procedente de Vanaheim, era una bruja poderosísima.

Llevaba un vestido de oro, sus cabellos de color cobre caían en tirabuzones relucientes, su piel anacarada desprendía un brillo especial. Además, llegó montada en un enorme lobo con ojos rojos como el fuego. Era imposible no verla.

—Es una profetisa. Sabe leer nuestro futuro. Estoy impaciente por conocerla —comentaban los dioses y las diosas, fascinados con la recién llegada.

Gullveig dejó que los dioses la invitaran a sus residencias (pues cada uno, de hecho, tenía su propio palacio), y empezó a hacer sus predicciones sobre la vida de todos los habitantes.

Además de los ojos color ámbar, perfilados en negro y antiguas runas tatuadas en su rostro, la profetisa llevaba en el cuello un collar de plumas de cuervo, sujetas por un hilo de conchas. Su aspecto era temible, pero también fascinante. Los dioses se quedaron hechizados.

Gullveig, sin embargo, había sido enviada a Asgard con una misión bien precisa: tenía que sembrar la discordia. Poco a poco, empezó a difundir la envidia y la sospecha en el pueblo divino.

—¿No te has dado cuenta? Aquel que creías tu amigo se está lucrando a tus espaldas… —le decía a uno.

—Tu vecino tiene un palacio más lujoso que el tuyo —sugería a otro.

La cizaña se propagó en el aire de Asgard como un viento maligno.

Un día Odín, rey de todos los Æsir, reunió a su Consejo.

—No podemos seguir así —dijo—. Esta bruja de Vanaheim es una verdadera desgracia, ¡nos está enfrentando los unos contra los otros!

Nadie contestó. Odín miró a su alrededor. Sus compañeros, antaño locuaces y dispuestos a expresar sus opiniones, sentados en sus tronos se miraban con mala cara. La maligna influencia de Gullveig también había llegado allí. No había duda. Ya ninguno se fiaba de los demás.

—Como no queréis expresaros, decidiré yo por todos —concluyó el dios de un solo ojo—. Gullveig es una bruja, será encarcelada y quemada en la hoguera al amanecer.

Así, capturaron a la malvada profetisa y la encerraron en una torre.

La aurora roja pintaba el cielo de Asgard; en el patio, delante de la sala del Consejo, los primeros rayos de sol iluminaban la pira preparada para la bruja. Ataron a Gullveig encima de la leña.

Mucha gente se había reunido para mirar, pero cuando encendieron el fuego ocurrió un hecho extraordinario. Las llamas rodearon y bailaron alrededor de la maga antes de envolver su vestido dorado, haciéndolo brillar aún más, pero Gullveig no ardía y empezó a reírse a carcajadas.
Su risa cristalina resonó por toda la plaza.

Poco después, cuando hasta el último tronco se había convertido en ceniza, devolvieron a Gullveig a su celda, más viva que nunca.
La diosa Frigg, deslumbrante esposa de Odín, dijo entonces:

—Gullveig tiene que subir a la hoguera vestida con una túnica cualquiera, pues es su vestido de oro el que está hechizado y la ha protegido del fuego.

Al alba del día siguiente, una nueva pira esperaba a la sacerdotisa, que apareció cubierta solamente por una ligera túnica. Las llamas ardían, pero esta vez también Gullveig salió de ellas sin la más mínima quemadura.

—¿Cómo es posible? —preguntó la diosa Frigg, desconcertada.

—Si me permites, oh divina, será mejor que registremos la torre donde está encarcelada la bruja, antes de volver a intentarlo —sugirió uno de los sirvientes.

El hombre había intuido la verdad. A pesar de no contar ya con su vestido encantado, Gullveig no había perdido el ánimo. Desde su celda de la torre, había preparado un elixir con algunas hierbas que siempre llevaba encima, se lo había bebido y aquella mezcla poderosa la había protegido del fuego. Los guardias encontraron los ingredientes de la pócima y se los quitaron. Entonces, por tercera vez, la bruja subió a la hoguera.

—Déjame adivinar, querida —murmuró Odín, desesperado, mientras Frigg contemplaba la plaza desde el balcón del palacio—. Esa demonio de Gullveig tampoco arderá hoy.

—Querido, es así, la bruja está más bella y radiante que nunca —le informó su esposa.

¿Qué había hecho la profetisa para resistir al fuego por tercera vez?

Por la noche se las había arreglado para preparar un ungüento mágico, machacando musgo y líquenes que crecían en abundancia entre las piedras de la torre. Era muy hábil.

Mientras tanto, un mensajero entregó una carta al rey de los dioses. La misiva procedía de Vanaheim. Los Vanir protestaban y reclamaban la libertad de Gullveig cuanto antes.

—¿Cómo se atreven? —estalló Odín—. Ellos fueron quienes mandaron aquí a esa malvada hechicera. Ha sembrado la cizaña entre mis compañeros, mi reino ha estado a punto de derrumbarse por culpa de sus intrigas, ¿y ahora los Vanir se quieren presentar como víctimas? ¡A las armas!

Y así estalló la guerra. Se sucedieron enfrentamientos violentos y batallas sanguinarias entre los Æsir y los Vanir, pero ninguno de los dos bandos consiguió superar al otro. No hubo ni vencedores ni vencidos.

Finalmente, cansado de ese conflicto que no parecía terminar nunca, el sabio Odín decidió que había llegado el momento de hacer la paz y, para sellarla, propuso enviar algunos rehenes al reino adversario. Solo así se podría garantizar un acuerdo duradero.

Dos dioses Æsir se marcharon a la tierra de los Vanir, mientras Njord, el dios de los mares, llegaba a Asgard. A su lado caminaban dos magníficos jóvenes, un chico y una chica, sus hijos mellizos, Freya y Freyr.

—Un momento —interrumpió Odín—, la idea de los rehenes es muy buena (al fin y al cabo, ha sido mía), pero no acabo de fiarme del todo. Necesitamos un barreño para sellar nuestro acuerdo.

Dicho esto, el rey de los dioses sacó una vasija metálica y la puso en medio de la sala donde se estaba cerrando el trato.

—¿Un barreño? ¿Para qué? —preguntó uno de los Vanir, perplejo.

—Muy sencillo. Escupiremos dentro y nuestras salivas estarán unidas para siempre.

Enseguida, bien ordenados y en fila, los dioses de las dos dinastías y todos los demás, también la bruja Gullveig, empezaron a escupir en aquel recipiente, uno tras otro.

Finalmente, de la unión de todas esas salivas divinas, surgió un dios, Kvasir. De él se dice que era incluso más sabio que el propio Odín, porque sabía hablar con la cabeza, como un auténtico Æsir, pero también con el corazón, como un Vanir.

Y, desde entonces, después del famoso pacto de las salivas, Vanir y Æsir vivieron en paz durante muchos muchos años.

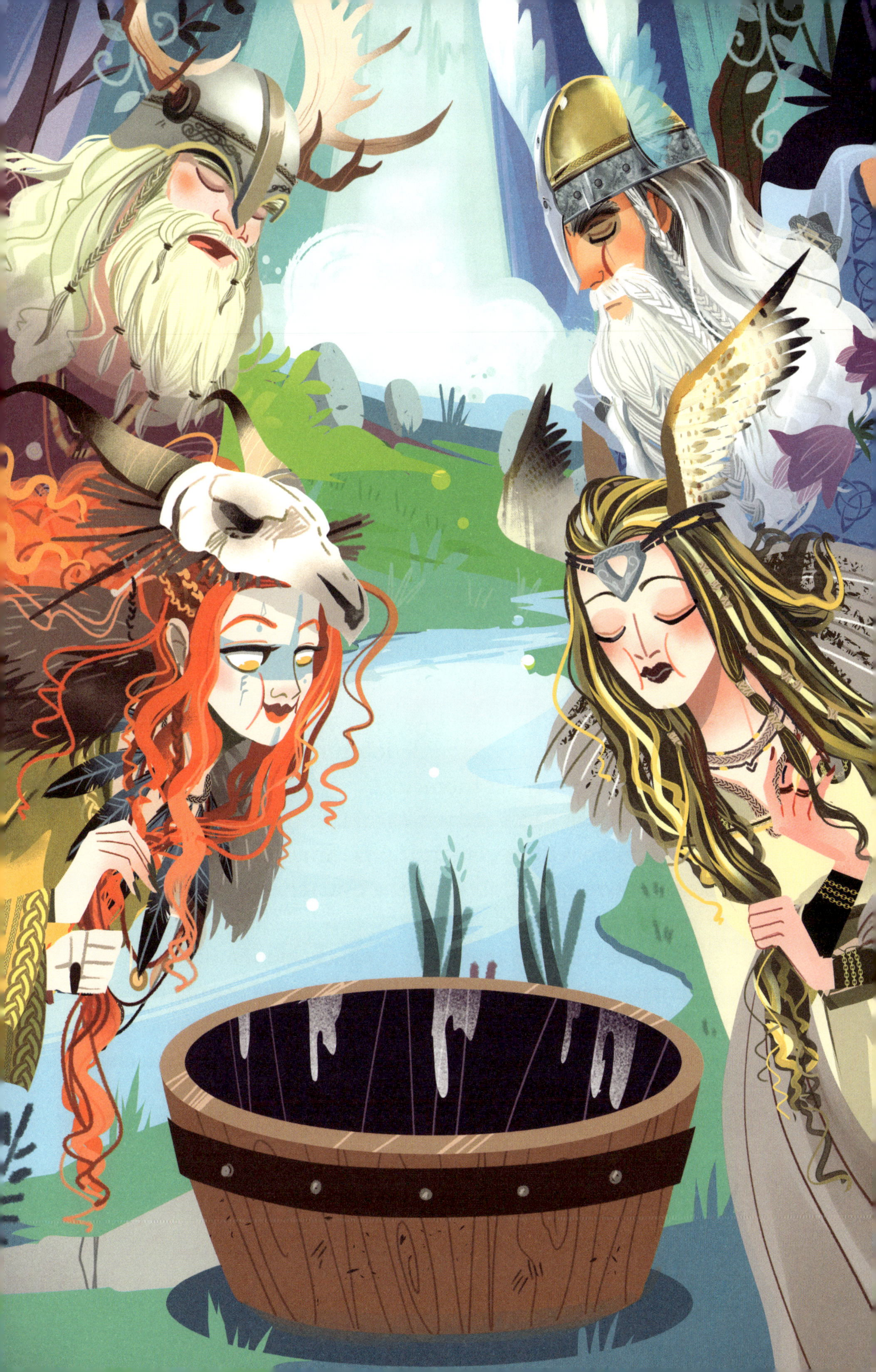

Freya y el maestro constructor

Construido al borde de un acantilado, protegido por una roca saliente, Asgard parecía inexpugnable, pero los dioses Æsir no se sentían tan seguros. Los terribles gigantes que vivían en el reino de Jotunheim podían intentar una invasión en cualquier momento.

Un día, el gran Odín convocó a su Consejo con urgencia.

—Es el momento de construir una muralla. Ya llevamos demasiado tiempo dándole vueltas a este tema —les anunció a sus compañeros.

—¡Exacto! Pero hay que hacerlo rápido, no me fío nada de los gigantes —asintió Heimdal, el guardián del puente del arcoíris.

Justo en ese momento, alguien llamó al portón del palacio. Heimdal abrió y se encontró cara a cara con un hombre fortachón de barba espesa, todo músculo, envuelto en una tosca túnica de piel. Detrás de él, sujeto por las riendas, un hermoso caballo gris pastaba tranquilamente.

El hombre se presentó y explicó que era maestro albañil. Había oído que en Asgard estaban buscando a alguien para construir una muralla y se ofreció para esa tarea.

—Soy competente y rápido, en otoño habré acabado —confirmó, gesticulando con sus manos, enormes como palas.

—¿Cuánto pides por tu trabajo? —preguntó el guardián.

—El dinero no me interesa, solo quiero tres cosas: el sol, la luna y a la hermosa Freya como esposa.

Heimdal se quedó como alcanzado por un rayo. ¿El sol, la luna y Freya, la diosa más fascinante de todo el reino? ¡Sus exigencias eran excesivas! Aun así, le dijo al maestro que esperara fuera de palacio: tenía que hablar de su propuesta con sus compañeros.

En la sala del Consejo, casi estalló una pelea. Los dioses hablaban todos a la vez y discutían unos con otros.

—¡Tenemos que decirle que no al maestro!
—Todo lo contrario, hay que decirle que sí.
—¡Pide demasiado!
—Pero lo necesitamos.
—¡No!
—¡Sí!

No hace falta explicar cómo se sentía Freya en mitad de aquella confusión. La joven Vanir, que se había quedado en Asgard como rehén tras la guerra, echaba fuego.

—No lograréis convencerme de que sea la esposa de semejante energúmeno. ¡Ni se os ocurra!

Mientras tanto, los dos fieles gatos salvajes de la diosa, aquellos que solían tirar de su carroza de oro, bufaban y arañaban cuanto estaba a su alcance. Uno saltó encima de un banco y clavó sus garras en el asiento de terciopelo, el otro se subió a las preciosas cortinas que adornaban el salón y las hizo trizas. Odín presenciaba la escena muy abatido; ni siquiera sus lobos sabían dónde meterse y permanecían agachados al pie del trono. Desde el fondo de la sala, se acercó un dios con ojos magnéticos, apuesto y elegante.

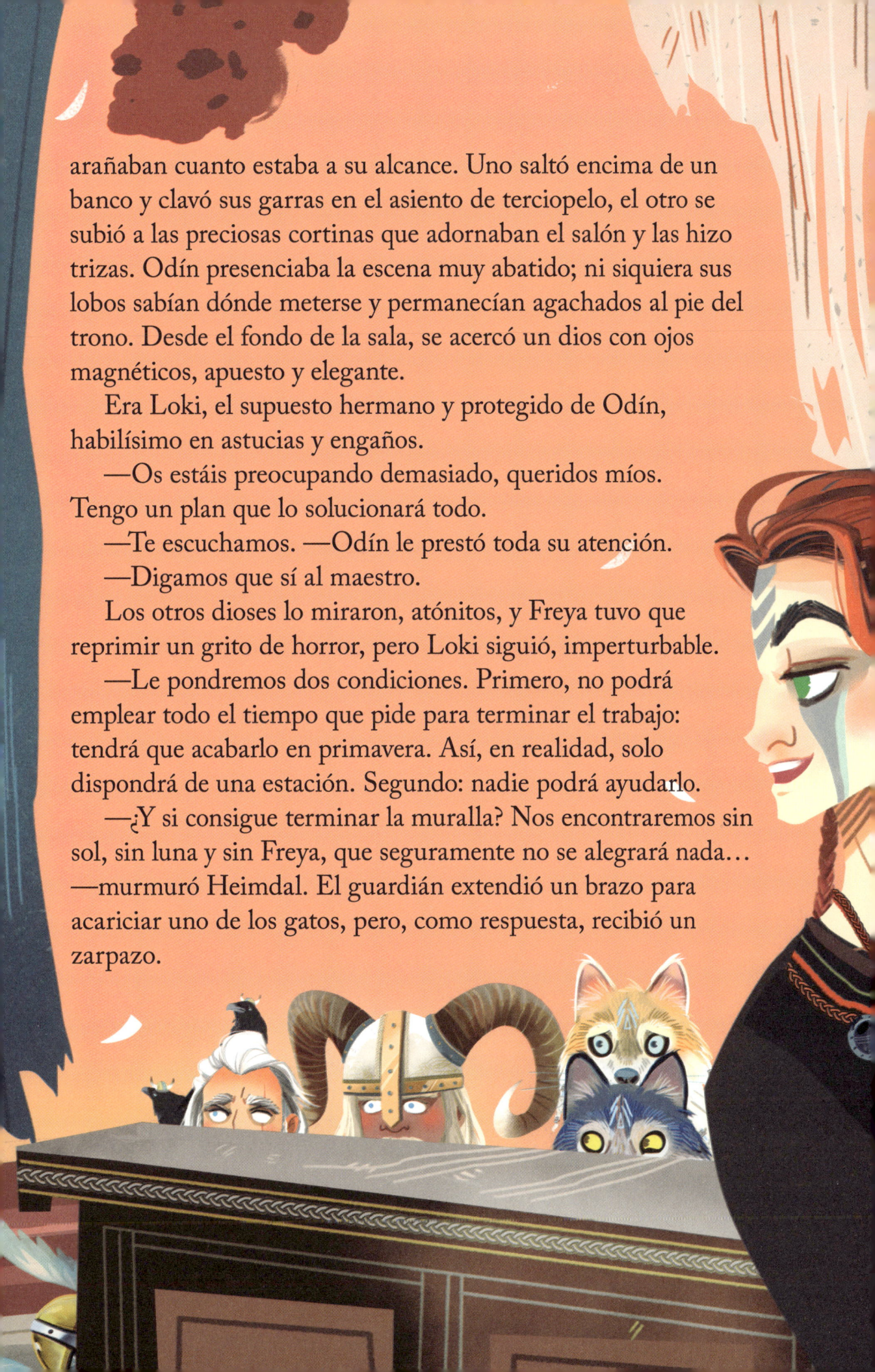

Era Loki, el supuesto hermano y protegido de Odín, habilísimo en astucias y engaños.

—Os estáis preocupando demasiado, queridos míos. Tengo un plan que lo solucionará todo.

—Te escuchamos. —Odín le prestó toda su atención.

—Digamos que sí al maestro.

Los otros dioses lo miraron, atónitos, y Freya tuvo que reprimir un grito de horror, pero Loki siguió, imperturbable.

—Le pondremos dos condiciones. Primero, no podrá emplear todo el tiempo que pide para terminar el trabajo: tendrá que acabarlo en primavera. Así, en realidad, solo dispondrá de una estación. Segundo: nadie podrá ayudarlo.

—¿Y si consigue terminar la muralla? Nos encontraremos sin sol, sin luna y sin Freya, que seguramente no se alegrará nada… —murmuró Heimdal. El guardián extendió un brazo para acariciar uno de los gatos, pero, como respuesta, recibió un zarpazo.

—No podrá —insistió Loki—. Nadie sería capaz de hacerlo. A nosotros nos conviene decirle que sí, porque cuando no cumpla podremos echarlo sin pagarle nada y nos quedaremos con el trabajo ya iniciado. ¡Muy sencillo!

—¡Sencillo, un cuerno! No me fío —contestó Freya. Y, con esas palabras, se marchó, indignada.

—Es ingenioso. Haremos como dices —decidió Odín.

Corrieron a comunicarle las condiciones al maestro albañil. Apenas disponía de unos meses para completar la obra, pero aquel hombretón era demasiado orgulloso como para echarse atrás y acabó aceptando el trato. Solo pidió poder utilizar su caballo para transportar las piedras de la cantera hasta la ciudad y le concedieron esta petición.

Era pleno invierno cuando el maestro empezó a cavar la zanja para levantar la muralla de defensa. Hundió su pala en el terreno con una fuerza tremenda.

Los dioses de Asgard lo observaban perplejos. Ese hombre era muy hábil… ¡Demasiado! Nieve, lluvia, granizo, nada pudo frenarlo. Después de preparar los cimientos, empezó con sus trayectos a la cantera. Cada tarde, su poderoso caballo, que se llamaba Svadilfari, llegaba cargado con sacos de piedras, necesarias para continuar con el trabajo el día siguiente.

Un sol tímido derritió la nieve y la transformó en barro líquido que recorría los caminos de Asgard.

—Falta un solo día para la primavera y el muro está casi acabado —se admiraron los dioses. Solo faltaba por colocar una fila de piedras para rematar aquella muralla.

—¡Mañana habrá terminado con todo! ¡Qué desgracia! ¿Y qué hacemos ahora? —preguntó Heimdal, preocupadísimo.

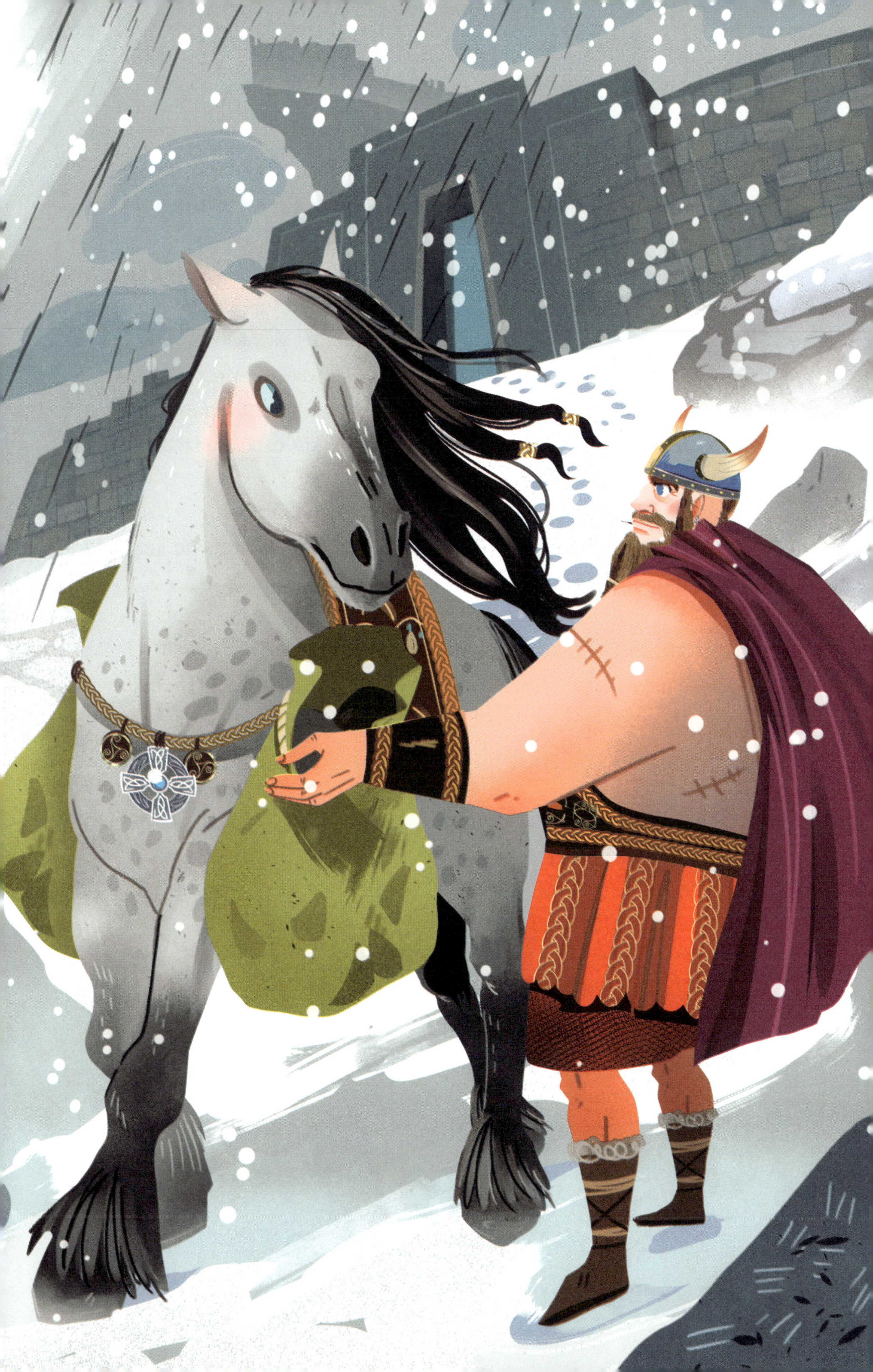

—Si tengo que convertirme en la mujer de ese bruto, por lo menos primero quiero tener la satisfacción de matar a Loki —anunció Freya, con tono desafiante.

En ese momento, el sabio Odín, pensativo, salió en busca de su hermano.

—Escúchame, listillo, el maestro está a punto de llevar a cabo su trabajo. Tocará pagarlo, tendremos que prescindir del sol y de la luna. Ya no habrá día ni noche, tampoco estaciones. Y yo de ti, no me acercaría a Freya, porque está bastante furiosa —tronó.

Loki se encogió de hombros.

—Ya, ¿y a mí qué me cuentas? Todos estuvisteis de acuerdo conmigo.

Odín, sin embargo, no tenía ganas de bromear. Con su único ojo azul hielo fijó la mirada en Loki.

—Tú nos has metido en este embrollo. Ahora te toca volver a poner las cosas en su sitio. Ya puedes dar con alguna solución.

Y el rey de los dioses se marchó.

Loki, en realidad, no era solamente un dios astuto y embaucador, sino también un experto en transformaciones.

Mientras meditaba sobre qué podría hacer, dejó caer su mirada en el semental gris del maestro. El sol se estaba poniendo y, en breve, Svadilfari tendría que transportar las piedras que faltaban de la cantera a la ciudadela…

El astuto Loki se transformó en una yegua con cabello dorado y se puso a pastar hierba en el límite del bosque.

En ese momento, el maestro albañil llamó a su caballo:

—¡Svadilfari! ¡Venga, nos tenemos que marchar!

Nada, el semental no respondió, cosa que le extrañó porque siempre que lo llamaba aparecía al instante.

—¡Svadilfari! ¡Muévete!

Para su sorpresa, el maestro vio desaparecer a su fiel animal en la espesura del bosque, persiguiendo a una espléndida yegua que galopaba con la crin al viento. Siguió llamando, pero sin éxito.

Cuando las luces del alba empezaron a iluminar los tejados de Asgard, el maestro volvía de la cantera, pero solo con unas pocas piedras. Sin la ayuda de su caballo, no podía transportar las necesarias para terminar la obra.

Y, de esa manera, la muralla quedó incompleta. A regañadientes, el maestro albañil tuvo que admitir su fracaso. Había perdido la apuesta. Para celebrar la liberación de la promesa que habían hecho al maestro, los dioses celebraron un enorme banquete. Había hidromiel para todos y Freya, loca de alegría, bailó toda la noche. Pero, ¿dónde estaba Loki?

Durante varias semanas, nadie volvió a verlo. Los otros dioses empezaron a preocuparse. ¿Se habría perdido? ¿Acaso estaría herido? Hasta que, una cálida mañana de verano, el dios del engaño, que había recuperado su aspecto habitual, salió de la maleza del bosque. A su lado, con estallido de cascos, trotaba un caballito con ocho piernas: su hijo Sleipnir, nacido del amor entre la yegua-Loki y el caballo Svadilfari.

El potro creció y Loki se lo regaló a Odín. Desde entonces, Sleipnir fue el corcel del rey de los dioses. No se separaba nunca de su dueño y corría como el viento.

Las manzanas de la juventud

Los dioses de Asgard eran muy altos, tenían los hombros anchos, las piernas ágiles, los cuerpos musculosos y una piel que emanaba luz. El tiempo no corría para ellos, pero el secreto de aquella belleza eterna residía en una fruta prodigiosa: las manzanas de Idún.

La diosa Idún vivía en un claro, en medio del bosque, donde tejía coronas de flores para adornar su larga melena y recogía las manzanas mágicas en una cesta. De tanto en tanto, cuando empezaban a sentirse débiles, los dioses se acercaban a Idún para comer alguna manzana. Unos mordiscos bastaban para recuperar toda la energía y todo el esplendor de su juventud. Odín también visitaba a la diosa con frecuencia y, por eso, a pesar de su aspecto de hombre maduro, se sentía con la fuerza de un niño.

Un día, el rey de los dioses partía para explorar tierras lejanas. Odín tenía curiosidad y quería conocer los pueblos que vivían más allá de los confines de Asgard. Lo acompañaban Hœnir, un dios guerrero, y su hermano, Loki.

Los tres viajaron muy lejos, pasando por montañas, acantilados, colinas y altiplanos. Caminaron y caminaron… hasta que empezaron a sentir hambre.

—Mi estómago está protestando —declaró Hœnir.

—Tienes razón, tenemos que comer algo —confirmó Odín.

—¡Mirad! Justo ahí, una presa para nosotros. —Loki señaló un gran ciervo que acababa de salir del bosque.

Los tres eran cazadores muy hábiles y las flechas de sus arcos lograron abatir el animal.

Cavaron una zanja profunda, encendieron una gran hoguera en su interior, depositaron el ciervo desollado y condimentado con hierbas silvestres y volvieron a cubrir todo con leña.

—Perfecto, esta es la mejor manera de prepararlo.

Así, con la boca hecha agua, los tres se sentaron alrededor de aquel horno improvisado, esperando que se cocinara la carne. El aroma del asado era muy tentador. Sin embargo… Cuando abrieron la zanja, se dieron cuenta de que la carne todavía estaba completamente cruda.

—Qué raro, suele hacerse más deprisa —murmuró Hœnir, mientras volvía a cubrir el ciervo con leña nueva.

Lo intentaron una segunda y una tercera vez, pero nada, la carne seguía incomestible.

De repente, una sombra oscureció el cielo y los tres levantaron la mirada. Encima de sus cabezas volaba un águila gigantesca que se reía a carcajadas.

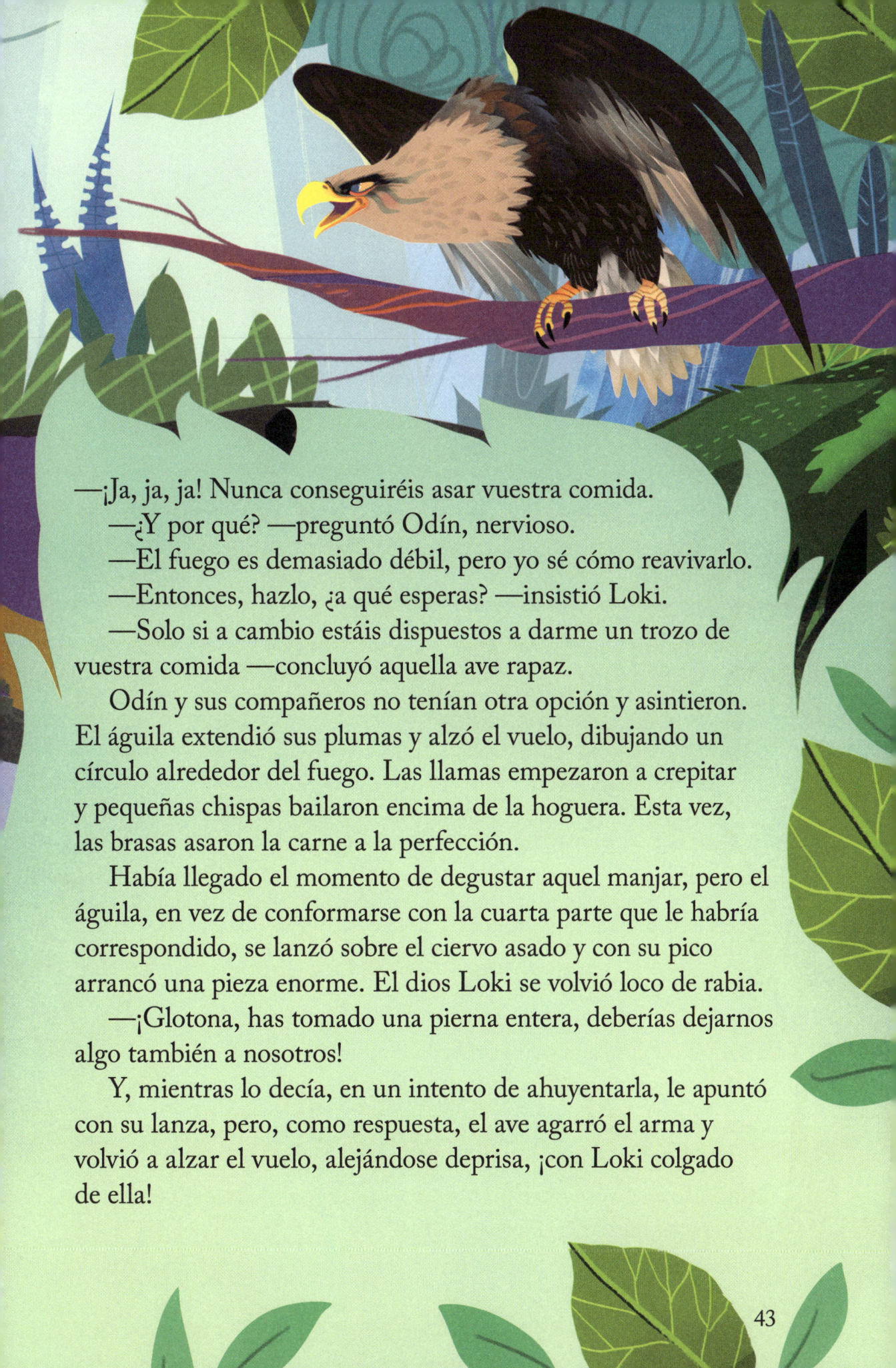

—¡Ja, ja, ja! Nunca conseguiréis asar vuestra comida.

—¿Y por qué? —preguntó Odín, nervioso.

—El fuego es demasiado débil, pero yo sé cómo reavivarlo.

—Entonces, hazlo, ¿a qué esperas? —insistió Loki.

—Solo si a cambio estáis dispuestos a darme un trozo de vuestra comida —concluyó aquella ave rapaz.

Odín y sus compañeros no tenían otra opción y asintieron. El águila extendió sus plumas y alzó el vuelo, dibujando un círculo alrededor del fuego. Las llamas empezaron a crepitar y pequeñas chispas bailaron encima de la hoguera. Esta vez, las brasas asaron la carne a la perfección.

Había llegado el momento de degustar aquel manjar, pero el águila, en vez de conformarse con la cuarta parte que le habría correspondido, se lanzó sobre el ciervo asado y con su pico arrancó una pieza enorme. El dios Loki se volvió loco de rabia.

—¡Glotona, has tomado una pierna entera, deberías dejarnos algo también a nosotros!

Y, mientras lo decía, en un intento de ahuyentarla, le apuntó con su lanza, pero, como respuesta, el ave agarró el arma y volvió a alzar el vuelo, alejándose deprisa, ¡con Loki colgado de ella!

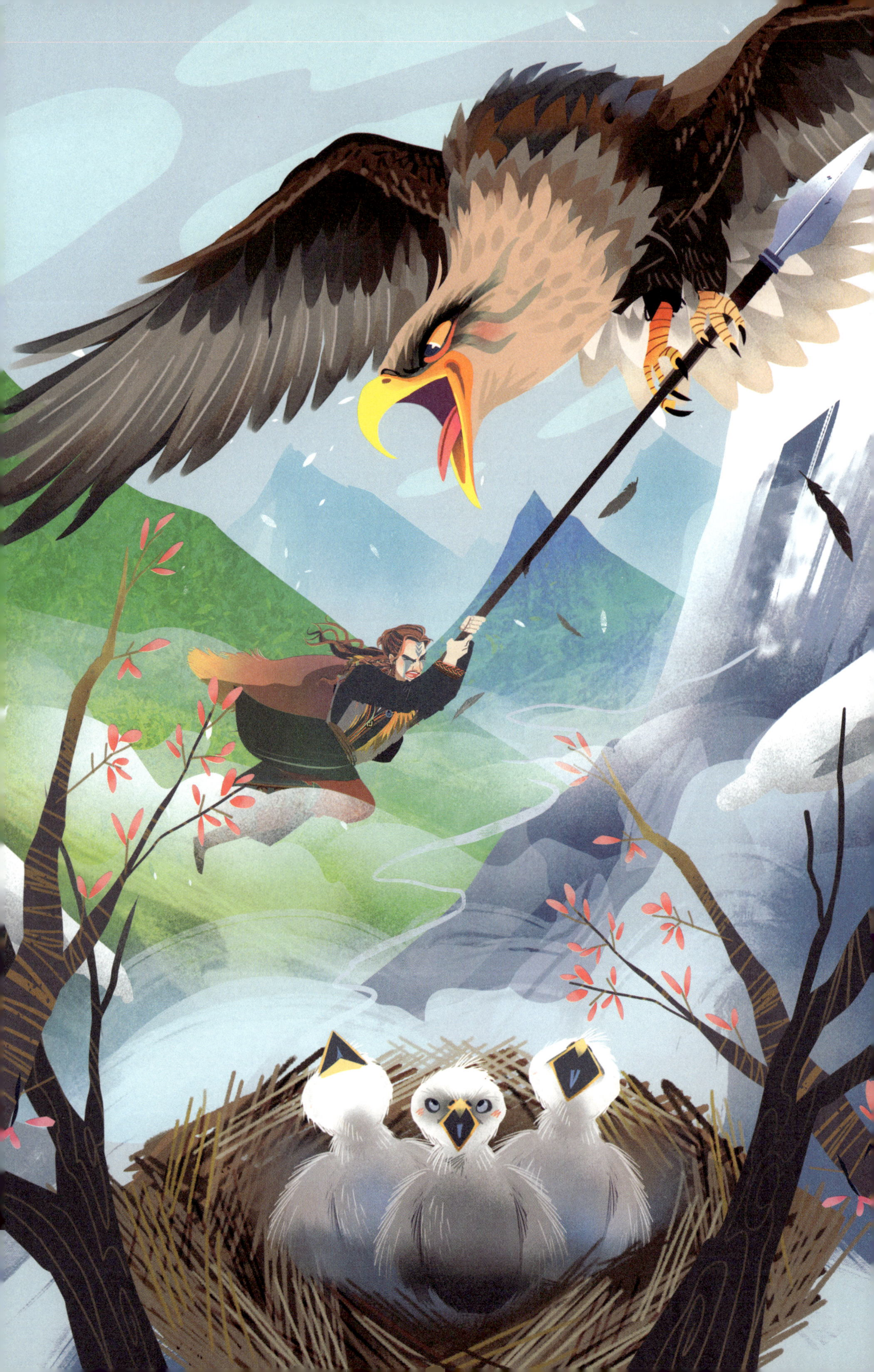

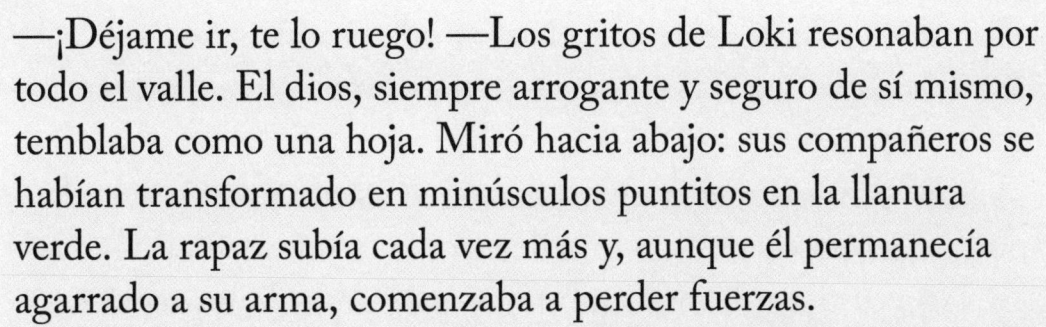

—¡Déjame ir, te lo ruego! —Los gritos de Loki resonaban por todo el valle. El dios, siempre arrogante y seguro de sí mismo, temblaba como una hoja. Miró hacia abajo: sus compañeros se habían transformado en minúsculos puntitos en la llanura verde. La rapaz subía cada vez más y, aunque él permanecía agarrado a su arma, comenzaba a perder fuerzas.

—De acuerdo, accederé a tus súplicas. —El ave se posó en la cima nevada de una montaña, donde el viento aullaba con vigor.

Loki miró alrededor y se dio cuenta, horrorizado, de que lo había soltado muy cerca de un nido de aguiluchos voraces.

—Espera, seamos razonables. Te he pedido que me dejaras marchar, pero no aquí. Podría acabar devorado por estos pequeños famélicos. ¡Quiero volver con mis amigos! Sed buenos, pollitos... Sí, sí, portaos bien —farfulló.

—De acuerdo, te devolveré con ellos, pero a cambio quiero las manzanas de la juventud —declaró el águila.

El dios se quedó sin palabras. Esa petición era muy difícil de aceptar, pero, si quería sobrevivir, no le quedaba más remedio que decirle que sí.

—Las tendrás, te lo prometo.

Una vez en Asgard, Loki se puso manos a la obra, tramando una estrategia para conseguir las manzanas de la diosa Idún. Experto en engaños, no le resultó demasiado difícil idear un plan. Loki buscó a la diosa y le habló con su voz seductora.

—¿Sabes, Idún, que en el bosque crecen manzanas mucho más bonitas y jugosas que las tuyas?

Al instante, Idún lo miró con expresión incrédula.

—Imposible, las manzanas que yo cultivo son mucho mejores que cualquier otra.

—Acompáñame, te enseñaré el árbol que produce esos maravillosos frutos. Trae tu cesta, así podremos compararlos con tus manzanas.

La diosa cayó en la trampa. Siguió al astuto Loki por la espesura del bosque, hasta que llegaron a un claro abandonado.

—No veo ningún manzano por aquí —dijo Idún, recelosa.

Mientras tanto, desde una rama, la malvada águila que, en realidad, era un gigante llamado Thiazi, transformado en rapaz, seguía la escena. Rápidamente se abalanzó sobre la diosa, la atrapó con sus garras y la llevó lejos, junto con su inseparable cesta de manzanas.

Pasaron varios días. En Asgard, algo no iba bien. Idún había desaparecido y los dioses estaban sufriendo. La hermosa Freya descubrió que tenía un mechón de pelo blanco, en medio de su cabello dorado. Heimdal, el guardián, notó que estaba perdiendo la vista. Hasta Thor, uno de los hijos de Odín, el más fuerte entre los dioses, tuvo que guardar cama con dolor de espalda.

—¡No podemos seguir así! —tronó Odín, examinando ante el espejo una nueva línea de arrugas en su frente.

—Sin duda, marido mío, tenemos que encontrar a Idún antes de que sea demasiado tarde —confirmó Frigg, con la espalda curva y la voz ronca. Apoyado en su bastón, llegó Hœnir, quien, con gran dificultad, había dado una vuelta por la ciudad.

—He estado investigando. A Idún la vieron por última vez acompañando a Loki. Caminaban hacia el bosque.

—Muy interesante —murmuró el rey de los dioses—. Me pregunto por qué, cada vez que en Asgard ocurre algo misterioso, siempre descubro que tú estás implicado —ironizó, dando una palmadita en la espalda a su hermano.

—Ya, ¿por qué será…? —le contestó Loki, con tono ligero.

—Déjate de bromas, hace tiempo que se me ha agotado la paciencia. Entre hoy y mañana, quiero que Idún vuelva aquí con sus manzanas, ¿entendido?

Odín se despidió y se marchó con paso firme, muy enojado.

47

No había ni un minuto que perder. Loki visitó a Freya y le pidió prestada su capa mágica, una capa voladora, tejida con plumas de halcón. No soportaba a Loki y nunca le habría prestado nada suyo, pero como cada día iba descubriendo más canas, decidió hacer una excepción.

Loki alzó el vuelo y se acercó al castillo donde el gigante Thiazi mantenía a la pobre Idún encarcelada.

—Aquí tenemos al más mentiroso de los dioses —espetó ella, furiosa.

—Tienes razón. Te engañé, pero he venido para rescatarte.

Loki escuchó atentamente. Los pasos del gigante se estaban acercando y, si lo sorprendía ahí, lo haría trizas. ¡Tenían que huir ya! Haciendo uso de su maestría en el arte de las transformaciones, convirtió a Idún en una pequeña nuez. Después, se la metió en un bolsillo y salió volando hacia casa.

Cuando el gigante se dio cuenta de que alguien había liberado a Idún, se volvió a transformar en águila y se lanzó en picado sobre la ciudadela de Asgard.

Esta vez, sin embargo, los habitantes estaban preparados para su ataque y habían montado una hoguera enorme.

Justo cuando el águila emprendió vuelo raso para recuperar a Idún, los dioses encendieron fuego y Thazi acabó con las alas quemadas y desplomándose en el suelo, muerto, a la vez que levantaba una gran nube de humo negro.

Y así, desde aquel día, las manzanas mágicas volvieron a Asgard, donde se retomó la vida de siempre. A la mínima señal de debilidad, los dioses salían pitando a ver a Idún.

Era reconfortante saber que podían contar con esas prodigiosas manzanas. Bastaba con un mordisco para que desapareciesen todos sus achaques y se sintiesen fuertes, jóvenes y guapos.

Hela, reina de la oscuridad

En un día con nubes amenazantes, llegó a Asgard una joven extraña. Caminaba descalza, con la mirada clavada en el suelo y el rostro oculto por su larga melena.

La joven se presentó ante Odín, en su palacio.

—¿Quién eres? —le preguntó el rey de los dioses. No sabía bien por qué razón, pero la presencia de aquella doncella le provocaba inquietud.

—Soy hija de una giganta y del dios Loki, tu hermano —le contestó la recién llegada. Su voz era grave y sombría.

—Loki es un picaflor, siempre dando vueltas entre un reino y otro. No me sorprende que tenga hijos que no conozco.

En aquel momento, la chica levantó la cabeza hacia el dios que estaba sentado en el trono. El destello de un rayo iluminó su rostro.

Odín dio un salto hacia atrás, asustado. El rostro de la hija de Loki estaba dividido en dos mitades, en un lado brillaba la piel fresca y rosada, los labios de color carmín y largas pestañas en torno a un ojo verde esmeralda. En cambio, la otra mitad tenía la tez amarillenta, la mejilla hundida dejaba entrever los huesos y el segundo ojo era una órbita vacía.

—¡Por todos los dioses! ¡Su cara es una calavera! —murmuró la diosa Frigg, sentada al lado de su marido.

—Sí, es verdad, una mitad de su rostro resulta espantosa —asintió Odín—. Pero la otra es preciosa y se parece a Loki.

Frigg se esforzó por seguir siendo cortés.

—¿Cómo te llamas, querida?

—Me llamo Hela.

—Hela, tu padre está ausente en este momento, pero serás nuestra invitada hasta que regrese —le anunció Odín.

Frigg lanzó una mirada fulminante a su marido, pero se calló.

En los días siguientes, ocurrieron cosas extrañas. Los árboles que rodeaban el palacio se pusieron amarillos y perdieron sus hojas, el cielo estaba continuamente gris y el agua que brotaba de las fuentes en la ciudad divina se había vuelto pestilente y fangosa.

—Esa muchacha tiene una influencia nefasta —estalló Frigg mientras caminaba muy nerviosa por el salón del palacio.

—Tienes razón —acordó el rey de los dioses.

En ese mismo momento, Hela atravesaba el jardín: las flores de los parques veían caer sus pétalos y se marchitaban a su paso.

—Además, ni siquiera está contenta de estar aquí con nosotros, mírala —siguió la diosa.

Efectivamente, la joven parecía triste y, nerviosa, se tocaba las trenzas y se mordía las uñas.

—De acuerdo, hablaré con ella —le aseguró Odín.

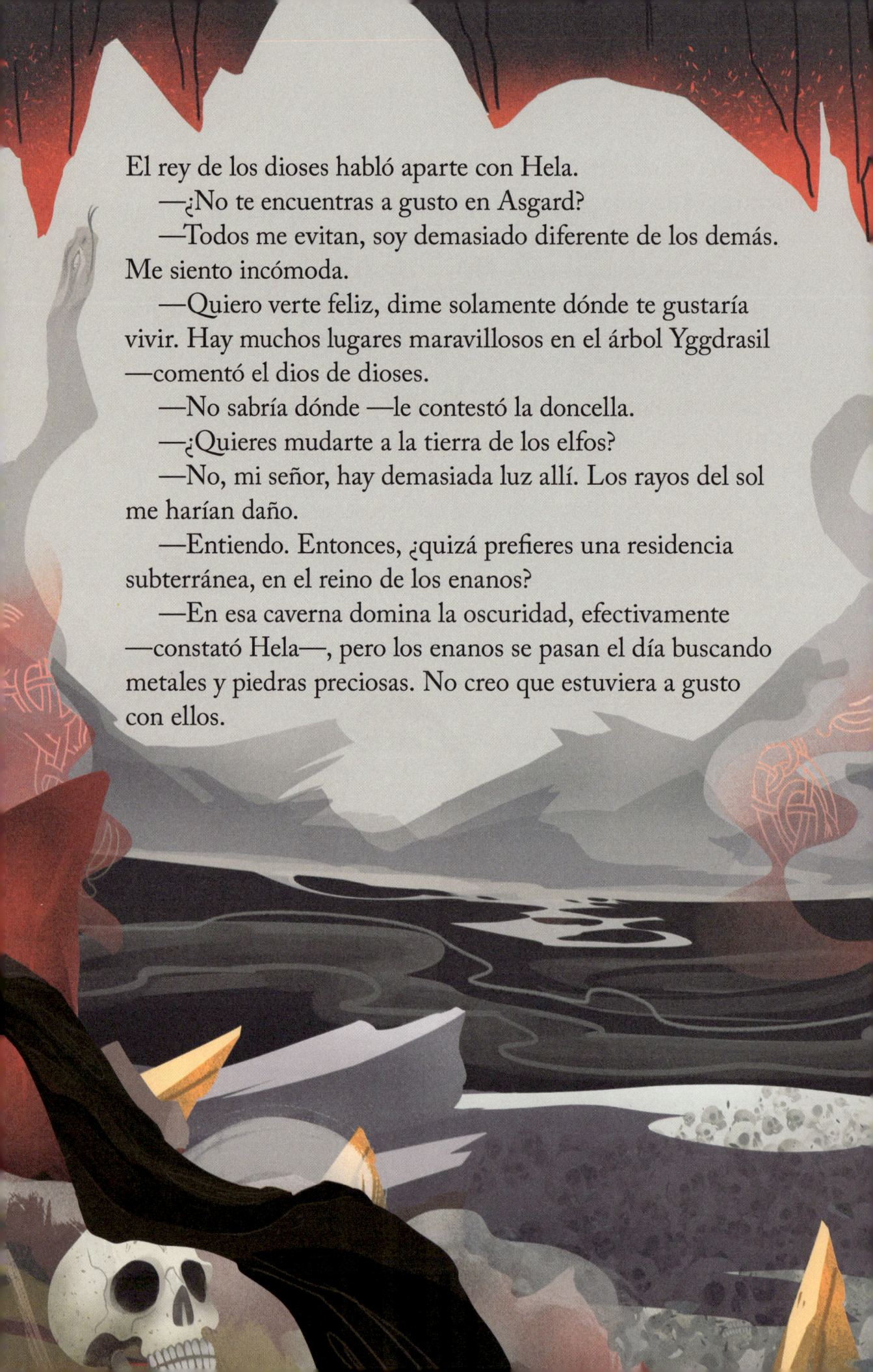

El rey de los dioses habló aparte con Hela.

—¿No te encuentras a gusto en Asgard?

—Todos me evitan, soy demasiado diferente de los demás. Me siento incómoda.

—Quiero verte feliz, dime solamente dónde te gustaría vivir. Hay muchos lugares maravillosos en el árbol Yggdrasil —comentó el dios de dioses.

—No sabría dónde —le contestó la doncella.

—¿Quieres mudarte a la tierra de los elfos?

—No, mi señor, hay demasiada luz allí. Los rayos del sol me harían daño.

—Entiendo. Entonces, ¿quizá prefieres una residencia subterránea, en el reino de los enanos?

—En esa caverna domina la oscuridad, efectivamente —constató Hela—, pero los enanos se pasan el día buscando metales y piedras preciosas. No creo que estuviera a gusto con ellos.

—Eres un poco complicada, muchacha —suspiró Odín.

—Lo sé. —Y una lágrima surgida del ojo verde recorrió la mejilla de la joven.

—Escucha. —Odín se había conmovido—. Conozco un lugar que, tal vez, te vaya de maravilla. Es un reino que nadie quiere visitar, se encuentra en el fondo de las raíces del árbol del mundo, en una zona infestada de serpientes gigantescas.

—Me apetece —sonrió Hela.

—Quiero que comprendas que se trata del país de los muertos.

—Perfecto.

Y, así, la doncella se marchó de Asgard para explorar su nuevo reino. Descendió por las entrañas de la tierra y llegó a la orilla de un río donde el agua negra fluía a borbotones.

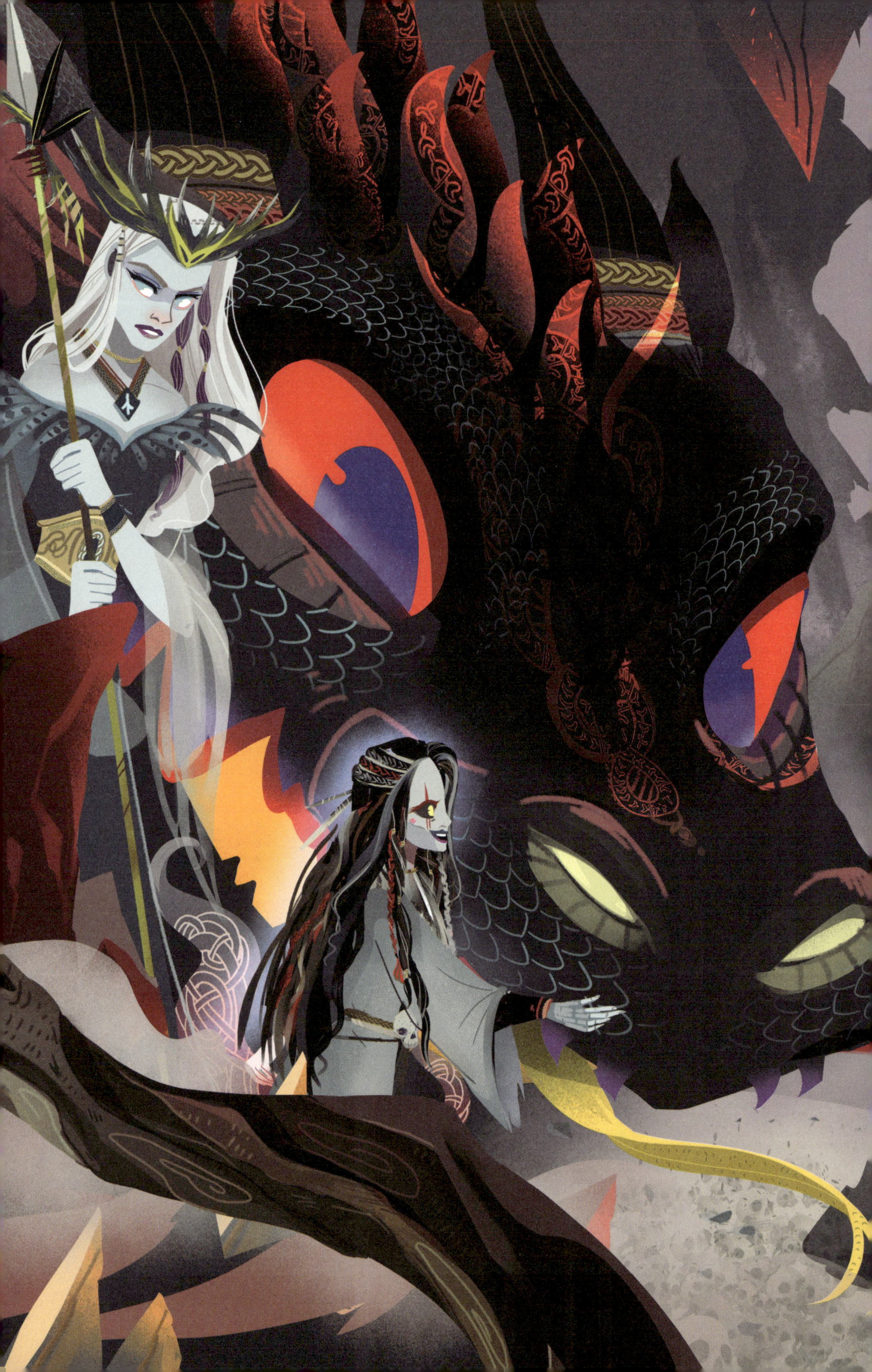

Al pie de un puente, estaba esperando Modgud, una poderosa guerrera que controlaba la entrada.

—¿Quién anda ahí? —preguntó amenazadoramente la guardiana, cerrando el paso con su lanza.

—Soy Hela, hija de Loki. Déjame pasar.

La giganta Modgud observó con atención el rostro de Hela.

—Aquí solo pueden acceder aquellos que tienen la piel de cadáver. Un lado tuyo es absolutamente espectral, pero el otro me parece rebosante de vida, ¿estás segura de querer cruzar la puerta del inframundo?

—Odín en persona me ha mandado aquí. Inclínate, soy tu nueva reina.

Hela cruzó el puente y recorrió descalza una playa de arena ardiente donde vivía Nidhogg, el dragón que expulsaba humo y fuego por el hocico.

—Quieto, bestia.

El monstruo no solamente se tumbó a los pies de la muchacha, sino que, además, se dejó rascar la cresta.

La guardiana Modgud, que había seguido la escena desde la orilla opuesta del río infernal, no podía creer lo que acababa de ver. Nadie había conseguido acercarse jamás al dragón sin terminar muerto. Esa doncella era la auténtica reina, ¡hasta Nidhogg la había reconocido!

Poco después, Hela cruzó un arco hecho de huesos y cráneos de los difuntos y entró en su nuevo palacio.

—Esta vivienda tiene forma de ataúd. Es exactamente como había soñado —declaró, recorriendo satisfecha aquel salón que parecía un cementerio.

Después, se sentó en la mesa. Detrás de un velo de telarañas, aparecieron sus nuevos sirvientes, que se llamaban Desidia y Pereza. Los dos eran torpes y chapuceros, pero, aun así, consiguieron servir la comida.

—Mi taza se llamará Hambre y mi cuchillo se llamará Avaricia —declaró la joven, sonriendo con el lado infernal de su rostro.

—Como queráis, malvada reina —contestaron los sirvientes, con gran suficiencia.

Después, la soberana hizo llamar a su presencia a los dos negrísimos cuervos Hugin y Munin, «Pensamiento» y «Memoria».

—Escuchadme bien, tenéis que volar hasta Asgard. Sois mi regalo para el rey de los dioses y seréis sus informantes.

—*Croaaa*, de acuerdo, majestad —le contestaron los cuervos.

—Odín ha tenido muy buena intuición: ha encontrado el lugar perfecto para mí. No ha sido fácil… Decidle que, a partir de ahora, siempre estaré aquí, en el inframundo.

Hela sonrió con sus medios labios rojos y, con la otra mitad, hizo rechinar sus dientes.

—Por favor, llevadle saludos afectuosos de parte de Hela, la reina de la oscuridad.

Los cuervos abrieron sus grandes alas, alzaron el vuelo y desaparecieron en la niebla.

El tesoro de los enanos

El poderoso Thor estiró los brazos, bostezó, se giró hacia su esposa, Sif, que dormía a su lado, y soltó un grito.
—¡Por las barbas de Odín!
—¡Socorro! ¿Qué pasa?! —exclamó ella sobresaltada.
—Tus… tus… no están… están… —balbuceó Thor.
—No me dejes en ascuas. ¡Dime!
—Tus cabellos, ¡ya no están!

Sif se llevó las manos a la cabeza, se tocó la frente y alrededor de las orejas. Su cabello dorado, largo y ondulante, por el que era famosa en todos los reinos, ¡había desaparecido!
—¡Ay, pobre de mí, me he quedado calva!

Thor tomó a su esposa entre sus brazos y la acarició con ternura, mientras decía:
—No te preocupes, amor mío, yo solucionaré este problema.
—¿Y cómo?
—Sé quién te ha afeitado la cabeza.
—¿De verdad? ¿Conoces al culpable?
—Creo que sí. Apuesto a que está implicado Loki.

Dicho esto, Thor se levantó, se vistió deprisa y se lanzó rápidamente en busca del dios del engaño.
—¡Lo aplastaré con mis propias manos! —gritaba.

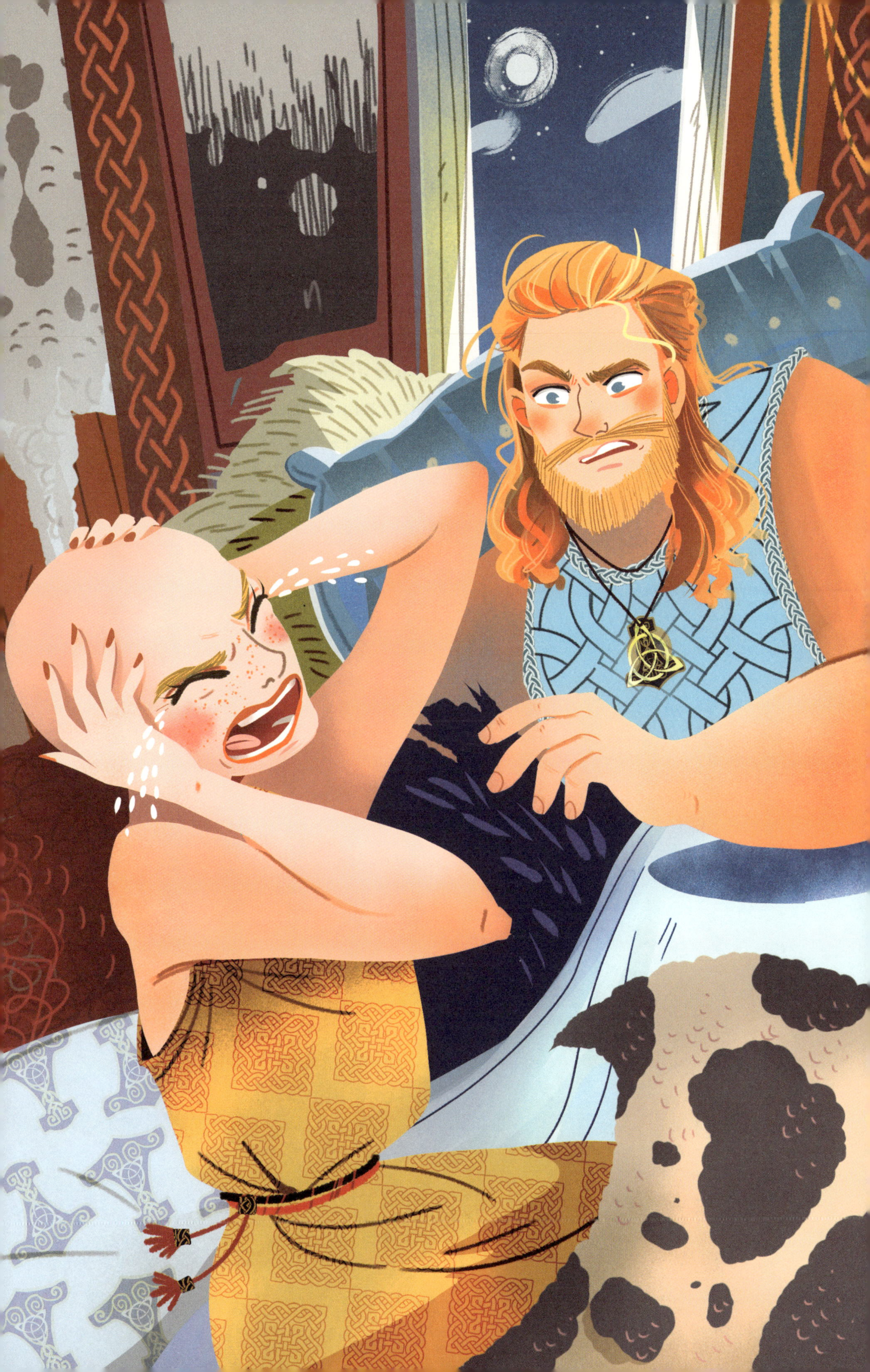

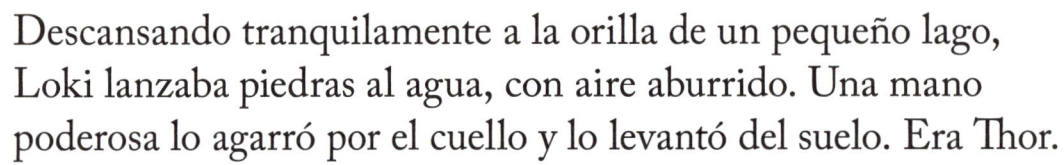

Descansando tranquilamente a la orilla de un pequeño lago, Loki lanzaba piedras al agua, con aire aburrido. Una mano poderosa lo agarró por el cuello y lo levantó del suelo. Era Thor.

—Divino fortachón, buenos días, ¿a qué debo el honor de esta visita? —preguntó meloso, mientras pataleaba en el vacío.

—¡Tú, especie de lombriz, has cortado el cabello de mi esposa! ¿Por qué? ¡Dímelo! —tronó el dios de espesa barba roja.

—A ver, déjame pensar… No tenía ningún motivo. Solo quería divertirme un poco, nada más —confesó Loki con aire angelical—. Lo que pasa es que se lo he cortado con una hoja especial y no volverá a crecer nunca.

Menudo personaje tan extraño era Loki. Parecía que no le importasen en absoluto las consecuencias de sus acciones.

—¿Qué? ¡Te romperé todos los huesos! ¡Te haré añicos! Thor sacudía al culpable como si fuera un muñeco.

—¡Espera! ¡Ya sé cómo remediarlo! —explicó Loki.

—Habla. Y rápido. —Thor se detuvo con el puño suspendido en el aire.

—Iré al reino de Svartalfaheim, el de los enanos. Son muy hábiles para construir. Les pediré una nueva cabellera para Sif. Y, esta vez será de oro de verdad.

—De acuerdo, pero date prisa. Mi esposa está llorando y no soporto verla triste —concluyó Thor, antes de dejar caer a Loki en el polvo.

En un laberinto de túneles que conducían a la mina de Svartalafaheim, el pueblo de los enanos (también llamados elfos oscuros) trabajaba sin parar extrayendo metales y piedras preciosas. Todo el reluciente tesoro extraído se transportaba a las grandes forjas del reino, donde se fundía y era trabajado por los expertos herreros.

Loki se presentó ante los hijos de Ivaldi, los enanos artesanos cuya fama había llegado hasta Asgard.

—¿Sabríais fabricar una cabellera dorada para la diosa Sif?

Los hijos de Ivaldi eran capaces de otorgar poderes mágicos a los objetos de sus forjas y, ansiosos por demostrar sus habilidades, aceptaron la petición de Loki con mucho gusto.

—¡Cuenta con nosotros! Utilizaremos hilos de oro puro y Sif tendrá una cabellera más reluciente que los rayos del sol.

—Muy bien, pero tendrían que crecer un poquito cada día, como el pelo auténtico —precisó el dios, que sentía todavía el agarrón firme del puño de Thor.

—¡Cuenta con ello! —le contestaron los artesanos.

—Y una cosita más… He oído decir que, al otro lado de la montaña, trabajan dos herreros aún más hábiles que vosotros: los hermanos Brokk y Sindri —susurró Loki.

—Esos dos presuntuosos… —soltó uno de los enanos.

—Son unos incompetentes —confirmó otro.

—Organicemos un concurso. ¿Qué opináis? ¡Me encantan los retos! —Loki se frotó las manos.

—¿Un concurso entre nosotros y esos dos? ¡Cuenta con ello! Seguro que ganamos.

—Eso habrá que verlo. Además de la cabellera de Sif, fabricadme algunos tesoros más. Los llevaré ante Odín, junto con los objetos que elaboren vuestros adversarios. Un jurado formado por dioses proclamará a los vencedores.

Una expresión pérfida iluminó el rostro del dios por un instante. Los enanos ya no podían echarse atrás, su dignidad estaba en juego y se pusieron manos a la obra.

Además de la cabellera de Sif, forjaron en su taller una formidable lanza, Gungnir, capaz de derrotar al enemigo ella sola, y *Skidbladnir*, un velero extraordinario, que siempre tenía el viento a favor. Poco después, con un saco, lleno de tesoros, Loki visitó a Brokk y Sindri, los dos enanos de brazos musculosos y rostro siempre encendido por el calor de la forja.

—Apuesto mi cabeza a que no conseguís fabricar objetos mejores que estos elaborados por los hijos de Ivaldi —les espetó.

—¿Estás de broma? ¡Pero si nosotros somos los mejores! —Y acto seguido, los hermanos aceptaron la apuesta: Sindri lanzó una piel de cerdo a la forja y se giró hacia Brokk.

—Tengo que marcharme, pero tú no puedes dejar de trabajar por nada en el mundo.

Fiel a la recomendación de su hermano mayor, Brokk empezó a hacer que el fuelle resoplara con gran fuerza.

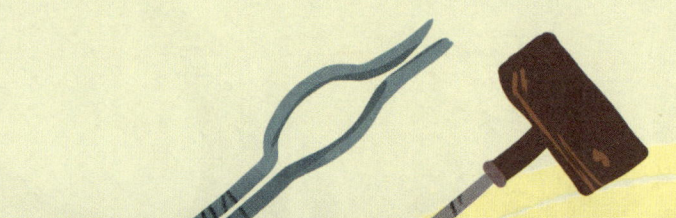

Loki, mientras tanto, adoptó el aspecto de un tábano y tomando carrerilla, se lanzó sobre el herrero y lo picó en la nariz.

—¡Ayyy! —Brokk soltó un grito de dolor, pero siguió manejando el fuelle. Poco después, salió un magnífico cerdo del fogón, con cerdas de oro.

Esperando en el techo del taller, el tábano se preparó para un segundo ataque. ¡Tenía que hacer lo que fuera para que los dos hermanos perdiesen la apuesta!

Bajó volando y picó a Brokk en el cuello, pero también esta vez el enano consiguió terminar su obra, y forjó Draupnir, una increíble argolla.

—*Bzzz*, ese enano tiene el pellejo resistente, *bzzz*. Pero no me rindo —zumbó Loki-tábano.

Con la ayuda de su hermano, Brokk se puso a modelar el hierro enseguida.

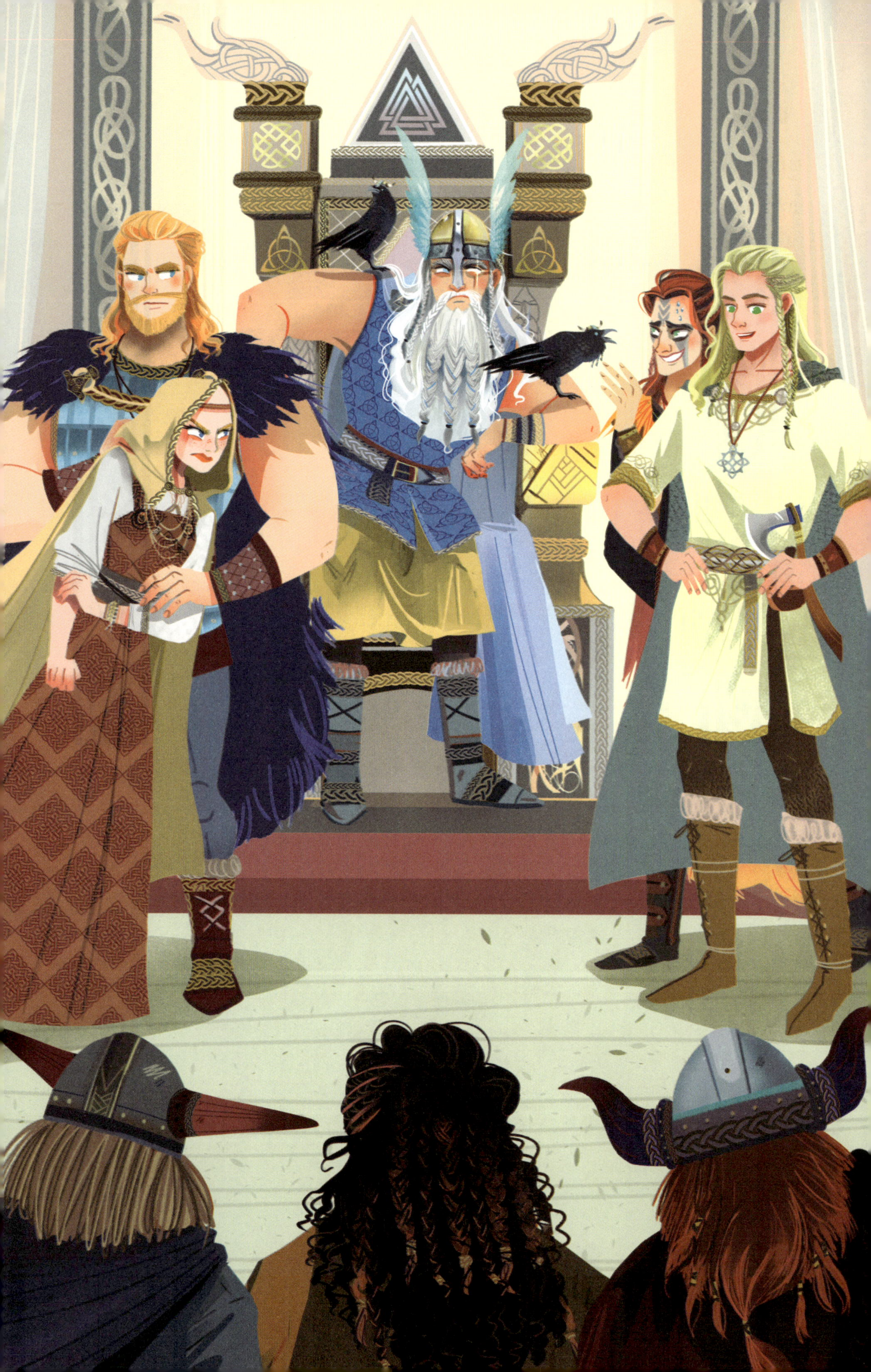

El fuelle resopló con fuerza y el tábano-Loki, ahora furioso, apuntó entre los ojos del enano y le picó con ganas. El pobre Brokk se tambaleó y se llevó las manos a la cabeza, ¡no veía nada!

—¡*Bzzz, bzzz*! ¡Objetivo conseguido! —zumbó el tábano.

Al instante Sindri se lanzó sobre el objeto en plena elaboración. Agarró su enorme pinza y… del corazón incandescente de la fragua salió un martillo de espléndida factura. Sindri analizó el martillo todavía ardiente. Tenía un defecto muy evidente: ¡el mango era demasiado corto!

—Hermano, ¿ves lo que acabas de hacer? Te había dicho que no abandonaras el trabajo por nada en el mundo.

—Lo siento, un insecto me ha picado entre los ojos —se lamentó Brokk, muy contrariado.

—Maldita sea, esto podría comprometer nuestra apuesta. Aun así, démonos prisa. Vayamos hacia Asgard —concluyó Sindri.

En la ciudad de los dioses, todo estaba preparado para el concurso. Odín y sus compañeros estaban sentados en un círculo, en la sala del Consejo. Cuando los hijos de Ivaldi enseñaron los tesoros que habían forjado, el estupor saltó a los rostros divinos: ¡aquellos objetos eran maravillosos!

La diosa Sif se puso enseguida la peluca de hilos de oro y los mechones brillantes empezaron a ondear bajo los rayos del sol. Odín elogió la lanza Gungnir y el dios Freyr se quedó con la nave *Skidbladnir*. Entonces, llegó el turno de Brokk y Sindri, que enseñaron el jabalí de oro, inmediatamente reclamado por Freyr, y el brazalete, que pasó a ser propiedad de Odín.

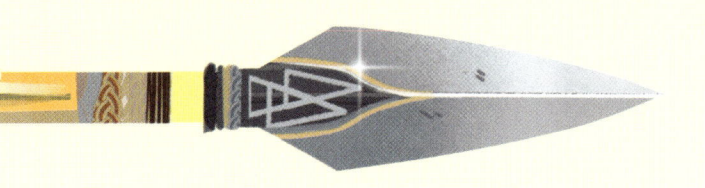

—Para mí, no hay duda, han ganado los hijos de Ivaldi —declaró la diosa Sif, encantada con su nuevo cabello.

Su esposo Thor, mientras tanto, había tomado el martillo y lo estaba estudiando con gran interés.

—Un momento, Brokk y Sindri también han fabricado esto… Me parece impresionante —dijo, observando el martillo.

—Una pena que el mango sea corto. Es un defecto importante —insistió Loki, que quería que perdiesen.

—Señor, este martillo es indestructible. Si lo arrojas, nunca falla un golpe y siempre vuelve a la mano de su dueño. Se llama Mjolnir —explicó Sindri.

—¡Fantástico, lo quiero! Y no me importa que tenga el mango corto. Con esta arma poderosa protegeré Asgard de los ataques de sus enemigos —declaró el dios fortachón—. Entonces, decidido: ¡Brokk y Sindri han ganado el concurso!

Los hermanos ganadores estaban exultantes y se acercaron a Loki.

—¿Recuerdas? Apostaste tu cabeza contra nuestra vict…

Sindri no tuvo tiempo de terminar la frase. Loki tenía un par de zapatos mágicos, que se había calzado a toda prisa, y huyó, rápido como un rayo. ¡Le tenía mucho aprecio a su hermosa cabeza! Los dos enanos lo buscaron durante mucho tiempo, pero no lograron encontrarlo. Finalmente, volvieron a sus vidas de siempre.

Así terminó el gran reto de los tesoros. Como siempre, Loki lo había enredado todo, pero gracias a él, Thor se había hecho con un instrumento maravilloso, digno de su fuerza. El dios nunca se volvió a separar del martillo Mjolnir. Y su esposa Sif recuperó su sonrisa.

Tyr y el lobo

De la unión entre la giganta Angrboda y Loki nacieron hijos muy extraños. La primera era Hela, la joven medio cadáver convertida en reina del inframundo, el segundo se llamaba Jormundgandr y era una serpiente espantosa. Por miedo de que pudiera atacar a los dioses y aniquilarlos con su veneno negro, Odín decidió confinarla en el mar tormentoso que rodeaba Midgard, el reino de los humanos. En aquel inmenso océano, el reptil creció y sus anillos venenosos se convirtieron en la pesadilla de naves y buques. El tercer hijo parecía el más amable de los tres. Se llamaba Fenrir y era un lobo.

Durante una época, vivió fuera de las puertas de Asgard, en un denso bosque de robles y castaños, pero casi nadie se atrevía a acercarse a él. Solo Tyr, el hijo guerrero de Odín, llamado «el señor de las batallas», visitaba al lobato todos los días. A la luz del alba, Tyr se adentraba en el bosque y lanzaba un grito, parecido a un aullido.

—¡*Auuuuu*! Fenrir, ven aquí.

Después de la señal, el cachorro aparecía entre la maleza.

Tyr siempre le llevaba carne para comer y jugaba con él. Los dos se tiraban al suelo y se perseguían. Se hicieron amigos.

Pasado un tiempo, también gracias al cuidado de Tyr, Fenrir empezó a crecer. Sus patas se alargaron, tenía la espalda cada vez más ancha y su cabeza era grande como la de un toro. Su mandíbula enseñaba unos colmillos temibles y sus ojos brillaban como brasas ardientes. Fenrir también comenzó a hablar. No solamente poseía el don de la palabra, sino que, además, se mostraba astuto e inteligente. Un poco como su padre, Loki.

—No podemos seguir así —declararon los dioses del Consejo divino—. Ese monstruo es un peligro para todos nosotros y debería estar bien atado.

Tyr se disgustó mucho con la propuesta, pero no podía protestar. Su amigo lobo se había hecho tan alto como los robles del bosque; ya no podían dejarlo en libertad. Los dioses intentaron dos veces encadenar a la bestia, pero en ambas ocasiones Fenrir consiguió liberarse. Se debatió, aulló, tensó cada músculo en su cuerpo, echó espuma por las fauces y, finalmente, logró romper la cadena. Trozos de hierro volaron por todas partes.

—¡Todavía tengo mi arma! —amenazó Tyr antes de desenvainar su espada.

—¡No basta para Fenrir! —replicó uno de los enanos.

—¿Creéis que podéis encadenarme? ¡Sois una pandilla de ilusos! —se burló la bestia con su voz humana.

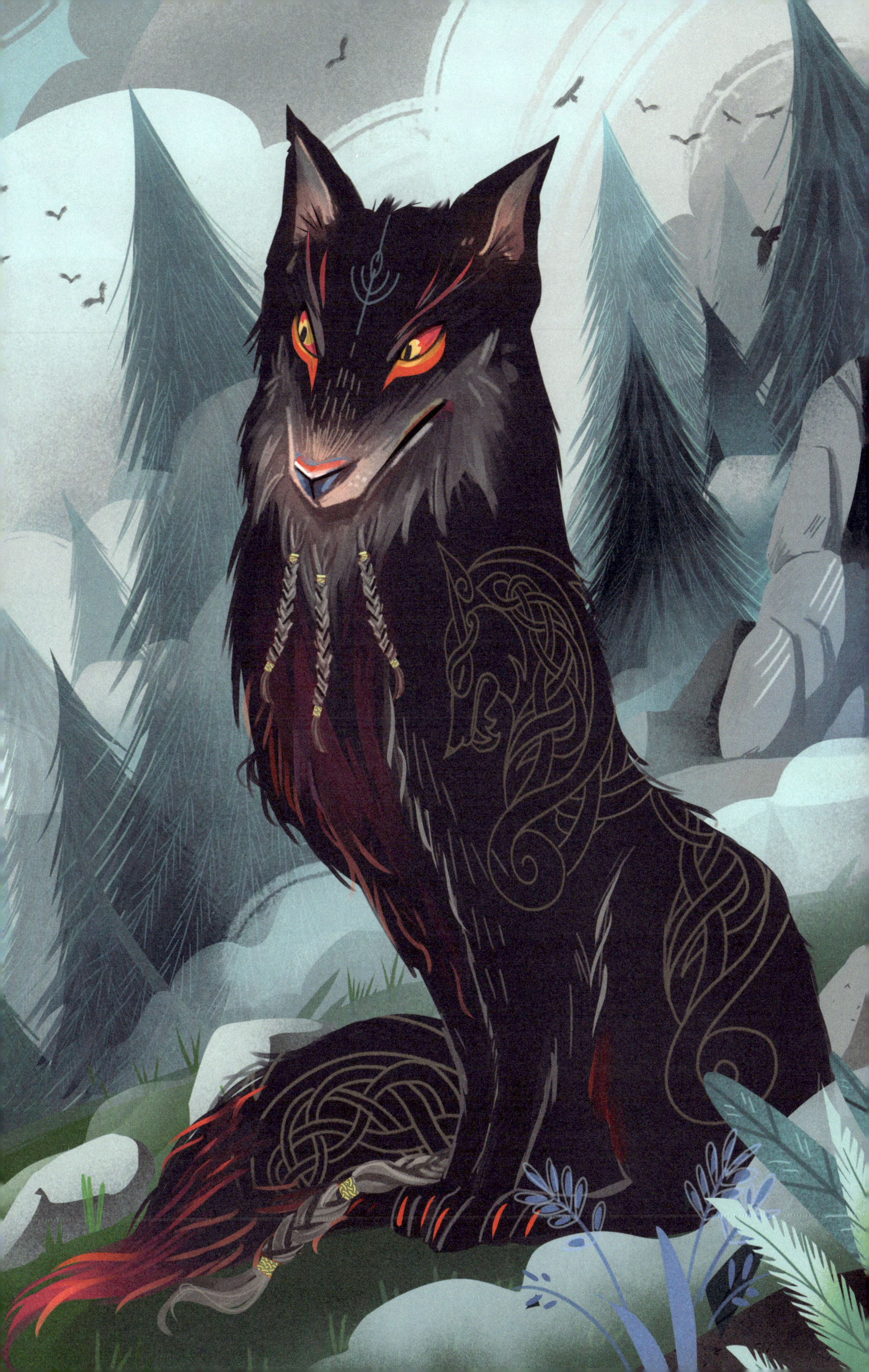

—Efectivamente, se ha vuelto muy astuto —admitió Tyr.

—Enviaremos al elfo Skirnir, el mensajero, para que pida un lazo mágico a los enanos —propuso el dios Freyr—. Solo el oscuro pueblo de mineros es capaz de fabricar lo que necesitamos.

Skirnir salió a toda prisa y volvió con una caja de madera. La abrió con cuidado y enseñó su contenido. En el interior brillaba un lazo plateado, tan fino y sutil que parecía transparente.

—¿Y ese hilito tiene que representar la solución a nuestros problemas? —preguntó Heimdal, defraudado.

El elfo Skirnir, con su cabello albino, alto y delgadito como todos los elfos blancos, abrió sus ojos color diamante.

—Mi señor, se trata del lazo más fuerte jamás fabricado, así me lo han jurado los enanos.

Al lado del hilo, había un pergamino. Tyr lo leyó en voz alta, lleno de curiosidad:

—Ruido de pasos de gato, barba de mujer, raíces de montaña, tendones de oso, aliento de pez y saliva de pájaro…

—Son los ingredientes que los enanos han utilizado para forjar esta maravilla —explicó el elfo.

—¿Pasos de gato? ¿Barba de mujer? ¡Todas esas cosas no existen! —Tyr estaba bastante confuso y su padre, Odín, no lo estaba menos.

—De hecho, solo los enanos saben dónde encontrar esos elementos mágicos —concluyó el mensajero, recolocándolo todo en la caja y cerrándola bien.

Poco después, los dioses se acercaron a la orilla del gran lago negro donde se había refugiado Fenrir. La bestia ya había alcanzado el tamaño de una colina.

—Hombrecillos, ¿todavía seguís aquí? ¿Qué queréis?

—Lanzarte un reto. Te ataremos con este hilo y, si consigues liberarte, serás famoso en todo el reino —declaró Freyr.

El lobo estalló en una carcajada.

—¿Estáis de broma? Este hilito lo rompo de un soplido. ¡Dadme una cadena de verdad y veréis!

—No nos has entendido, este parece un hilo simple, pero, en realidad, es algo sumamente difícil de romper.

Para demostrar lo que estaban diciendo, los dioses se pasaron el hilo entre ellos e intentaron romperlo, pero ni siquiera lo arañaron un poquito.

—Piénsalo, Fenrir, podrás demostrar tu inmensa fuerza.

Fenrir olfateó el lazo, receloso.

—Todo esto me huele a engaño. ¿Y si no lo consigo?

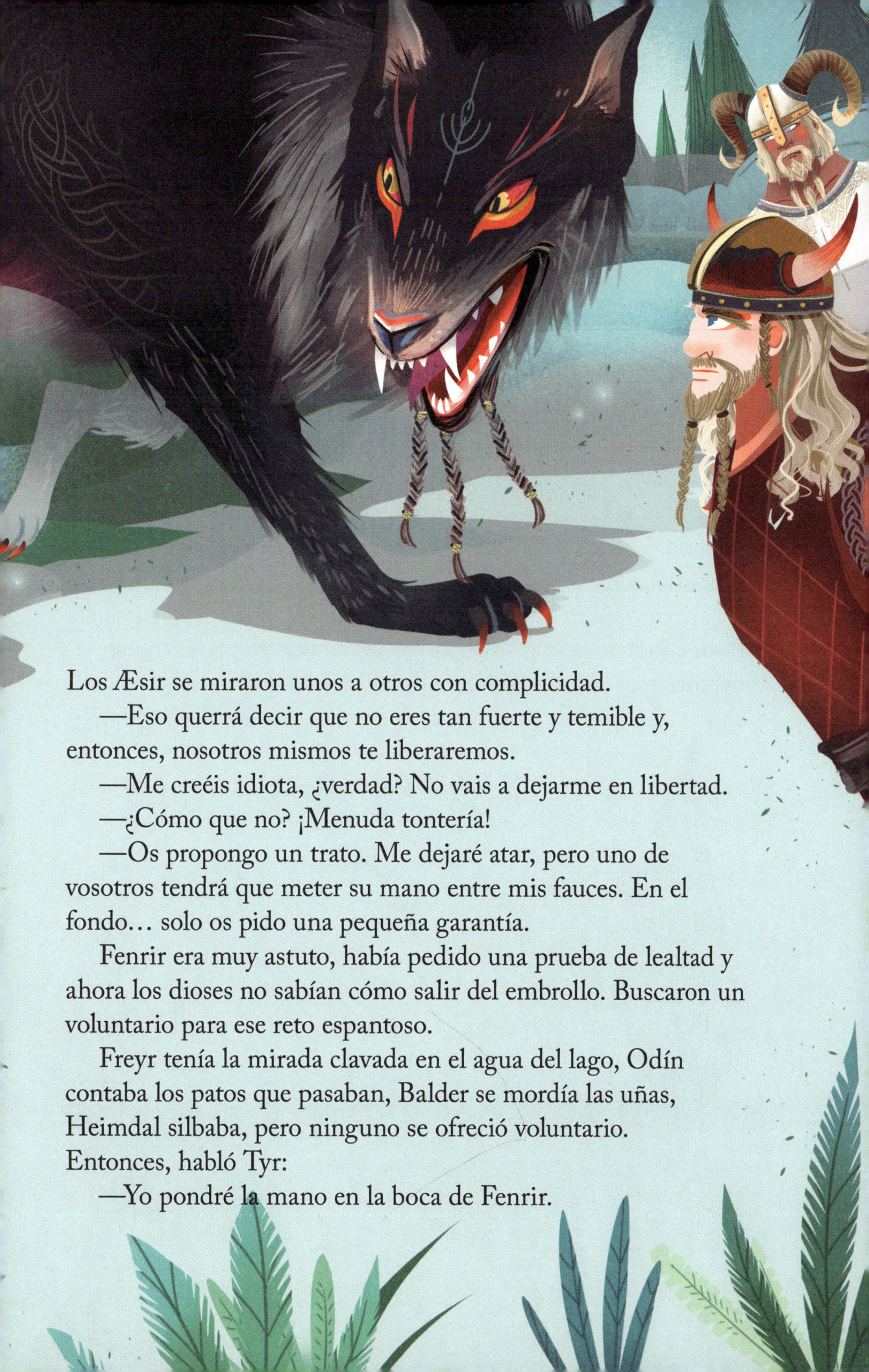

Los Æsir se miraron unos a otros con complicidad.

—Eso querrá decir que no eres tan fuerte y temible y, entonces, nosotros mismos te liberaremos.

—Me creéis idiota, ¿verdad? No vais a dejarme en libertad.

—¿Cómo que no? ¡Menuda tontería!

—Os propongo un trato. Me dejaré atar, pero uno de vosotros tendrá que meter su mano entre mis fauces. En el fondo… solo os pido una pequeña garantía.

Fenrir era muy astuto, había pedido una prueba de lealtad y ahora los dioses no sabían cómo salir del embrollo. Buscaron un voluntario para ese reto espantoso.

Freyr tenía la mirada clavada en el agua del lago, Odín contaba los patos que pasaban, Balder se mordía las uñas, Heimdal silbaba, pero ninguno se ofreció voluntario. Entonces, habló Tyr:

—Yo pondré la mano en la boca de Fenrir.

Empezó la prueba. El lobo gigante se dejó atar con el lazo mágico obra de los enanos. Tyr metió la mano entre las fauces de aquel que había sido su amigo siendo cachorro. Fenrir estiró las patas, arqueó su majestuoso lomo, lanzó un inquietante aullido que hizo temblar los palacios de Asgard, pero no consiguió romper la tira brillante que lo tenía encadenado y que le quitaba el aliento.

—No lo consigo, debo admitirlo. Ahora, liberadme. O Tyr perderá la mano —gruñó el lobo.

Los dioses se quedaron en silencio. Ninguno quería liberar a la bestia y Tyr sabía de antemano cómo iba a acabar esta historia. El dios de las batallas observó al lobo y asintió con la cabeza. No había otra solución…

Fenrir hundió sus colmillos y Tyr ni siquiera soltó una queja. Retiró su manco brazo y lo envolvió en una tela para detener la hemorragia. Eso fue todo.

Poco después, el grupo de dioses volvió a Asgard, dejando al lobo encadenado para siempre y confinado en una cueva, a la orilla del lago negro.

Se puso el sol. Tyr siguió a sus compañeros, pensativo. Desde aquel día tuvo que lanzarse al combate con una sola mano, pero, aun así, era un guerrero heroico. Alguien como él no tenía miedo a nada.

Los machos cabríos de Thor

El puente del arcoíris no era más que un punto luminoso en la distancia. Thor alentó a los machos cabríos de larguísimos cuernos que tiraban de su carro. Al lado del dios estaba Loki. El inseparable amigo-enemigo de Thor nunca perdía una oportunidad para hacer un viaje, le encantaba salir de Asgard. Los dos pusieron rumbo directo a la tierra de los gigantes de hielo, pero estaba anocheciendo y una tormenta de nieve azotaba la pequeña comitiva.

—Ahí abajo tiene que haber una granja, hagamos una parada para pasar la noche, me estoy congelando —propuso Loki, envolviéndose en su capa.

—Estás siendo el blandengue de siempre, pero vale, haremos una pausa —contestó Thor.

Su larga barba roja estaba blanca por la nieve. Bajaron del carro y llamaron a la puerta de una cabaña de troncos entrelazados, con un tejado cubierto de musgo. En su interior, una pobre familia trataba de calentarse cerca del fuego. Al ver a los dos dioses, se quedaron confusos.

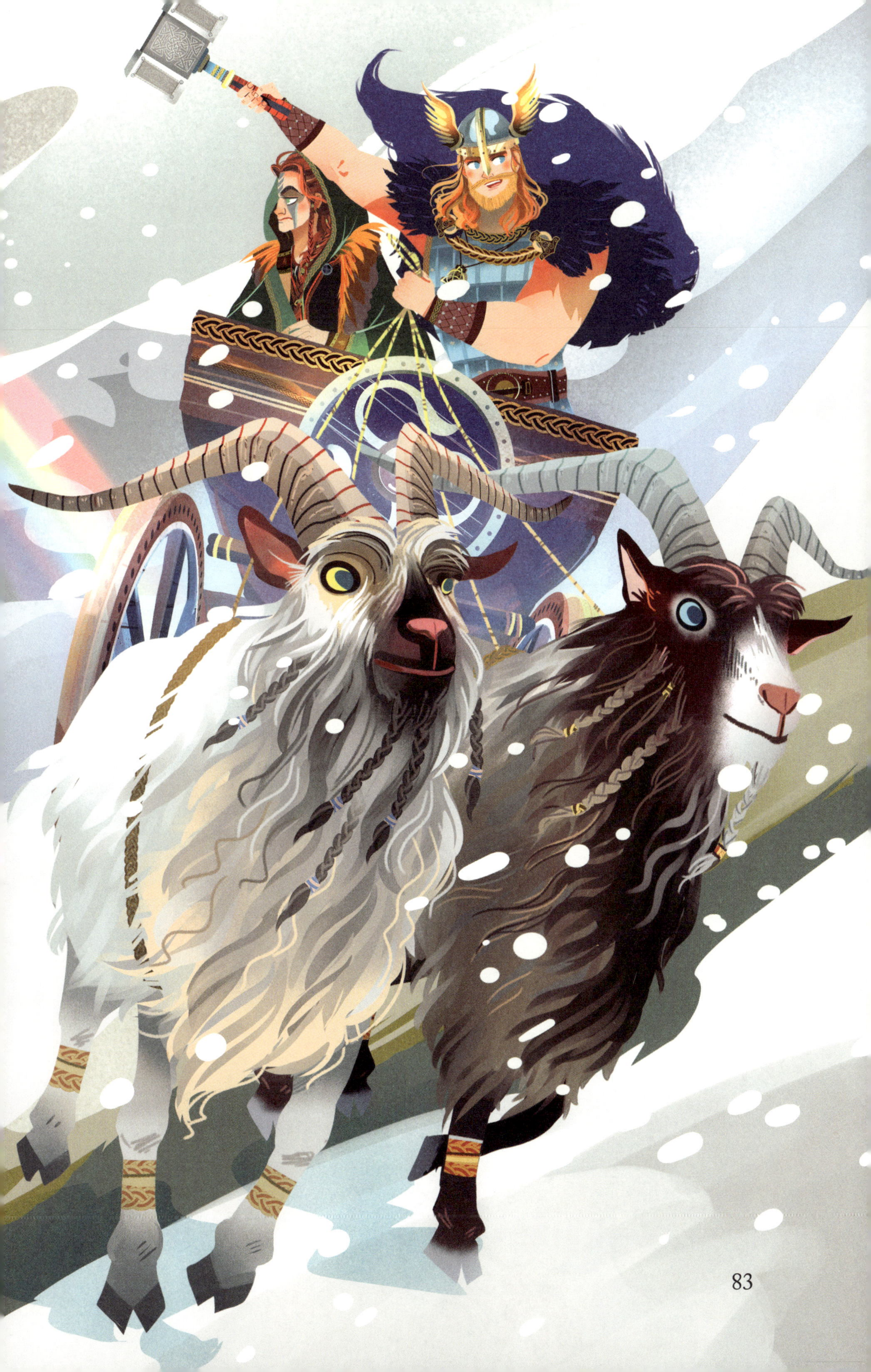

Thor era gigantesco, con su melena de león y su martillo reluciente enganchado a su cintura. Detrás de él, con paso ligero, elegantísimo en su traje color de bosque, avanzaba Loki, en cuya pálida tez resaltaban los ojos verdes.

—Esta gente es pobre, no nos podrán dar nada que llevarnos a la boca —susurró Loki, engreído.

—Tú no te preocupes, de eso me encargo yo —le contestó Thor, dándole un codazo.

—Bienvenidos a nuestro hogar, oh divinos, yo soy Egil.

El granjero se inclinó ante los dioses, antes de presentarlos a su esposa y sus dos hijos, que se llamaban Thjalfi y Roskva.

—Nos gustaría pasar la noche aquí —explicó Loki, mirando alrededor en busca de un lecho cómodo.

—Claro, os podéis quedar, pero debo advertiros que no tenemos alimentos dignos de los dioses. Estamos preparando una sopa de raíces y sin duda esa no es una cena a la altura de unos invitados tan ilustres.

El granjero estaba muy disgustado.

—Tranquilo, estimado Egil, nos comeremos mis machos cabríos.

Acto seguido, para asombro de todos, Thor tomó a sus fieles animales, los abatió y los puso a cocer en la olla. Cuando la carne estaba hecha, invitó a Loki y a los granjeros a comer con él.

—Dejad los huesos bien limpios, pero no los mordáis ni rompáis —recomendó el dios fortachón.

La oscuridad de la noche se había tragado la granja. Una vez acabada la cena, Thor tomó la piel de los cabríos y la colocó con mucho cuidado sobre los huesos blancos, completamente despojados de su carne. Después, se fue a dormir, repitiendo a todos que no debían tocar nada.

Pero tan pronto Thor comenzó a roncar, el joven Thjalfi se levantó de su lecho. Con mucho cuidado, se acercó a la pila de huesos y pieles cabrunos. Agarró una tibia y la rompió para chupar el tuétano de su interior.

—¡El tuétano me hará crecer alto y fuerte! Y si viene del animal de un dios, seguro que será portentoso. —Como, de hecho, Thjalfi era un chico enclenque y siempre enfermizo, aquello lo dejó muy contento y luego se volvió a la cama.

Con el canto del gallo, Thor despertó a Loki:

—Muévete, tenemos que marcharnos.

Y mientras su compañero se desperezaba, tomó su martillo Mjolnir, lo levantó hacia el techo de la cabaña y gritó:

—¡Cabríos míos, volved a mí enteros!

Animados por una energía mágica, los huesos se juntaron, el uno con el otro, la carne y los músculos volvieron a crecer a su alrededor, cubiertos por la piel, y las dos bestias recuperaron la vida y empezaron a pastar heno, como si no hubiera sucedido nada. Solo uno de los dos estaba un poco raro: cojeaba y soltaba un balido quejumbroso.

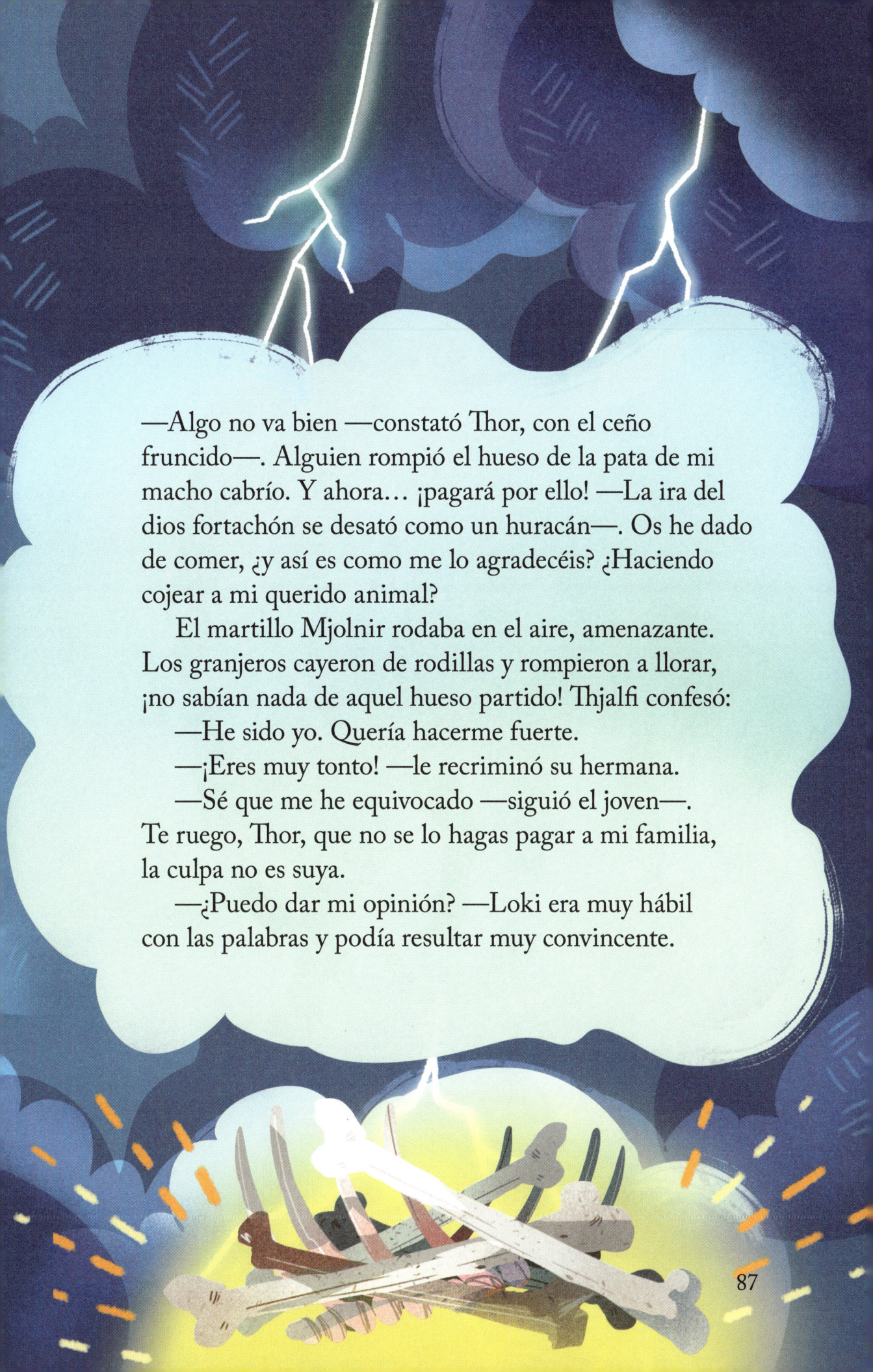

—Algo no va bien —constató Thor, con el ceño fruncido—. Alguien rompió el hueso de la pata de mi macho cabrío. Y ahora… ¡pagará por ello! —La ira del dios fortachón se desató como un huracán—. Os he dado de comer, ¿y así es como me lo agradecéis? ¿Haciendo cojear a mi querido animal?

El martillo Mjolnir rodaba en el aire, amenazante. Los granjeros cayeron de rodillas y rompieron a llorar, ¡no sabían nada de aquel hueso partido! Thjalfi confesó:

—He sido yo. Quería hacerme fuerte.

—¡Eres muy tonto! —le recriminó su hermana.

—Sé que me he equivocado —siguió el joven—. Te ruego, Thor, que no se lo hagas pagar a mi familia, la culpa no es suya.

—¿Puedo dar mi opinión? —Loki era muy hábil con las palabras y podía resultar muy convincente.

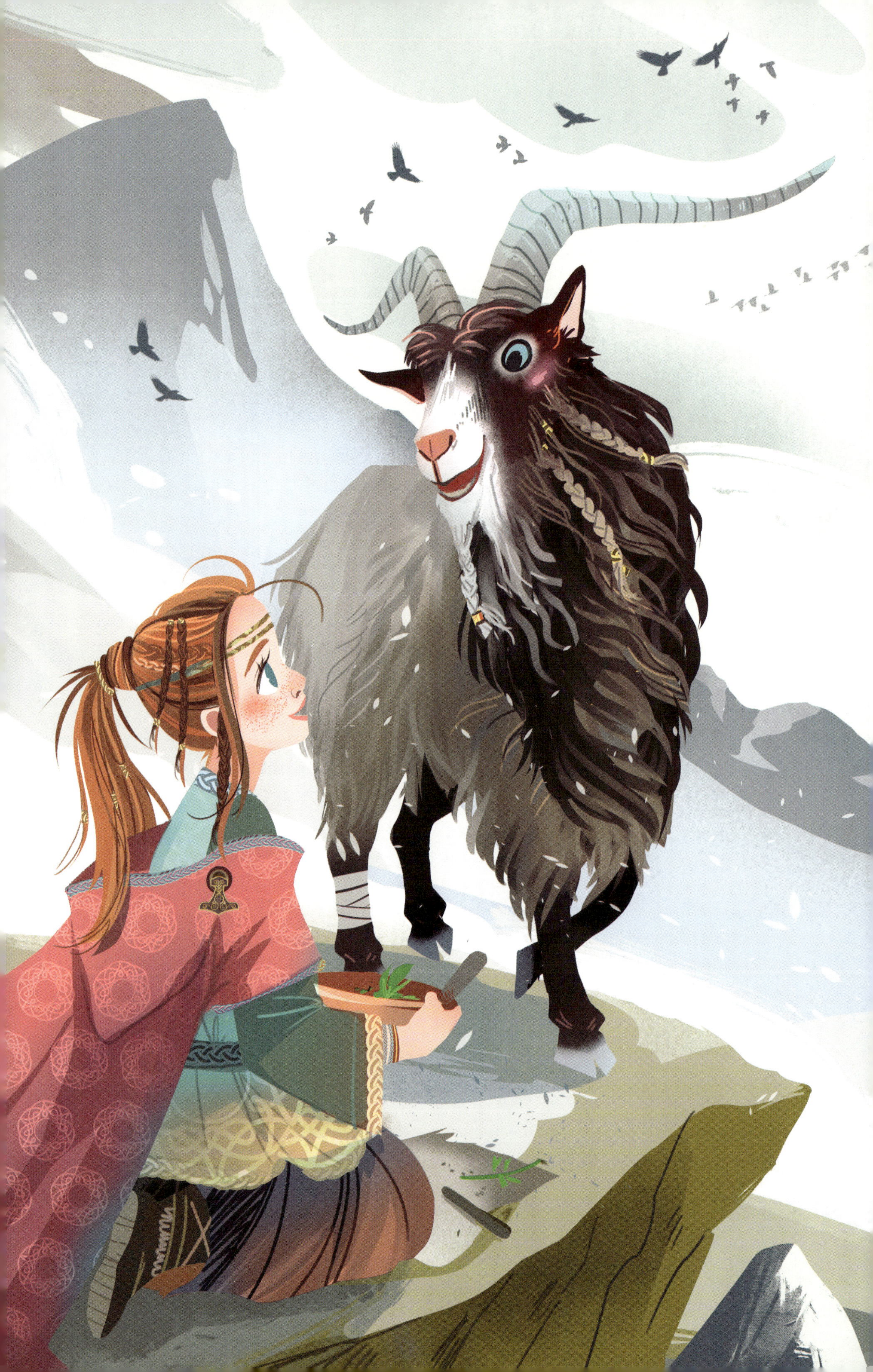

—Thor, amigo mío, el muchacho ha admitido su culpa, seguro que podría ser un fiel sirviente. Dile que venga con nosotros.

—No voy a ninguna parte sin mi macho cabrío, tengo que curarlo —suspiró el dios pelirrojo.

—Roskva se encargará de cuidarlo —insistió Loki—, le vendará la pata y se curará.

—Jovencita, ¿te crees capaz de curar a mi animal? —preguntó Thor, poco convencido.

—Haré lo que pueda, poderoso señor —contestó Roskva.

—Llévame contigo como acaba de proponer Loki, esta vez no te defraudaré —añadió Thjalfi.

—Está bien, me habéis convencido. Vámonos.

Después de acariciar el cabrío cojo, prometiéndole volver cuanto antes, Thor se agachó para cruzar la puerta de la cabaña. Fuera, la tormenta había desaparecido. Y así, junto a Loki y su nuevo sirviente, Thjalfi, el dios del trueno reinició su viaje hacia el reino de los gigantes, hundiendo sus botas en la nieve.

El dios Freyr y la giganta Gerd

«Señor de los rayos de sol», así llamaban al dios Freyr. Gracias a su poder, ayudaba a que el grano creciera en el campo y los brotes florecieran en los árboles. Hermano de Freya e hijo de Njord, dios del mar, procedía del reino de los Vanir, de cuya estirpe había heredado el aspecto salvaje, el cabello largo y la mirada feroz. Admirado y querido por todos, no se separaba nunca de Gullinborsti, el jabalí de cerdas de oro que tiraba del carro de su dueño.

Freyr también contaba con *Skidbladnir*. Ese mágico *drakkar* (o «barco largo») podía llevarlo a cualquier sitio y tenía el poder de hacerse muy pequeño, como un barquito de juguete. Cuando no lo necesitaba, el dios lo encogía y lo guardaba en su alforja.

Incluso su palacio era uno de los más bonitos de Asgard: se decía que, en su interior, crecían espigas de cereales de granos dorados y que del techo colgaban frutas maduras.

Freyr, sin embargo, no era feliz, sentía que faltaba algo en su vida. Aburrido y melancólico, un día observó el palacio de Odín. La majestuosa torre central resaltó entre las nubes. Nunca había estado allí arriba.

Se decía que el palacio había surgido del punto más alto de la ciudadela y que el rey de los dioses, sentado en su trono, podía ver cualquier cosa que sucediera en todos los mundos conocidos, desde el reino de los elfos blancos hasta el inframundo.

Freyr caminó por los senderos que llevaban al palacio. Cruzó el portón de entrada, vigilado por los guardias, y subió a la cima de la torre. Al fondo de la sala, el trono de Odín estaba vacío. El hijo de Njord miró alrededor para asegurarse de que nadie lo viera y se sentó en el asiento divino.

Nada más ocupar el puesto del rey de los dioses, mil panoramas diferentes se abrieron ante sus ojos: colinas verdes, desiertos ardientes, mares tempestuosos, cuevas y montañas. Todas esas imágenes lo confundieron, pero una escena en particular llamó su atención. En el reino de los gigantes de hielo, donde una borrasca de nieve azotaba las montañas, una joven tiritaba mientras se dirigía hacia una finca campestre. La doncella, la giganta Gerd, giró con mucho cuidado el pomo de la puerta para entrar en la casa y al hacerlo dejó al descubierto su blanco brazo. Una luz deslumbrante se difundió por todas partes, envolviendo la vivienda y toda la extensión de campos nevados. Luego, Gerd desapareció tras la puerta y se llevó con ella todo aquel esplendor. Freyr se quedó paralizado. Nunca había visto una criatura más hermosa.

Volvió a su palacio y, día tras día, su ánimo fue hundiéndose. El dios ya no dormía ni comía.

Skirnir, su fiel sirviente elfo, se acercó a su dueño con una bandeja llena de carne asada.

—Prueba algo de comer. No puedes seguir en ayunas.

—No tengo hambre —contestó Freyr, con tono gruñón.

—¿Ha pasado algo?

—No tendría que haberme sentado en el trono de Odín.

—De hecho, está prohibido, pero si nadie te ha visto, ¿dónde está el problema? —preguntó el elfo.

—No es tan sencillo. Desde ahí arriba he podido contemplar a Gerd, la doncella más hermosa de todos los reinos, y ahora me sentiré un desgraciado si no llego a casarme con ella —confesó el enamorado—. Un momento… Ahora que lo pienso, ¡tú puedes ayudarme!

Freyr pegó un fuerte puñetazo en la mesa.

—¿Yo? ¿Cómo? —balbuceó el elfo.

—Irás al reino de los gigantes y pedirás su mano en mi nombre. —Freyr había recuperado la esperanza y volvía a sonreír.

—¿En Jotunheim? ¿Estás de broma? Yo soy un elfo. ¡Mírame! Soy enclenque, flacucho, no puedo arriesgarme, vagando en medio de los gigantes. —Skirnir intentaba escaquearse, pero no era fácil decir que no a su dios.

—Te daré mi mejor caballo y mi poderosa espada —insistió aquel.

Y, así, Skirnir se marchó en dirección del reino de los gigantes, atravesando montañas de hielo, noches heladas, días enteros de borrasca, hasta que se encontró ante la casa de Gerd.

Imponente y altiva, con la piel emanando aquel extraño esplendor, la giganta se presentó en el umbral, envuelta en una larga capa color celeste. Cuando el elfo le explicó que el dios Freyr la quería como esposa, la giganta contestó con dureza.

—No necesito marido, estoy muy bien sola.

Skirnir no quería rendirse y empezó a describir a su señor ensalzando sus poderes: era el dios de las cosechas y de la prosperidad, todo Asgard lo veneraba, era guapo, fuerte, valiente. Gerd bostezó, aburrida.

—Te lo ruego, mi dueño no duerme ni come. Todos estamos muy preocupados —le confesó el elfo, con tono de desesperación. Gerd dejó de bostezar—. Dice que las horas sin ti no pasan nunca y que los minutos parecen siglos.

La giganta escuchó con más atención.

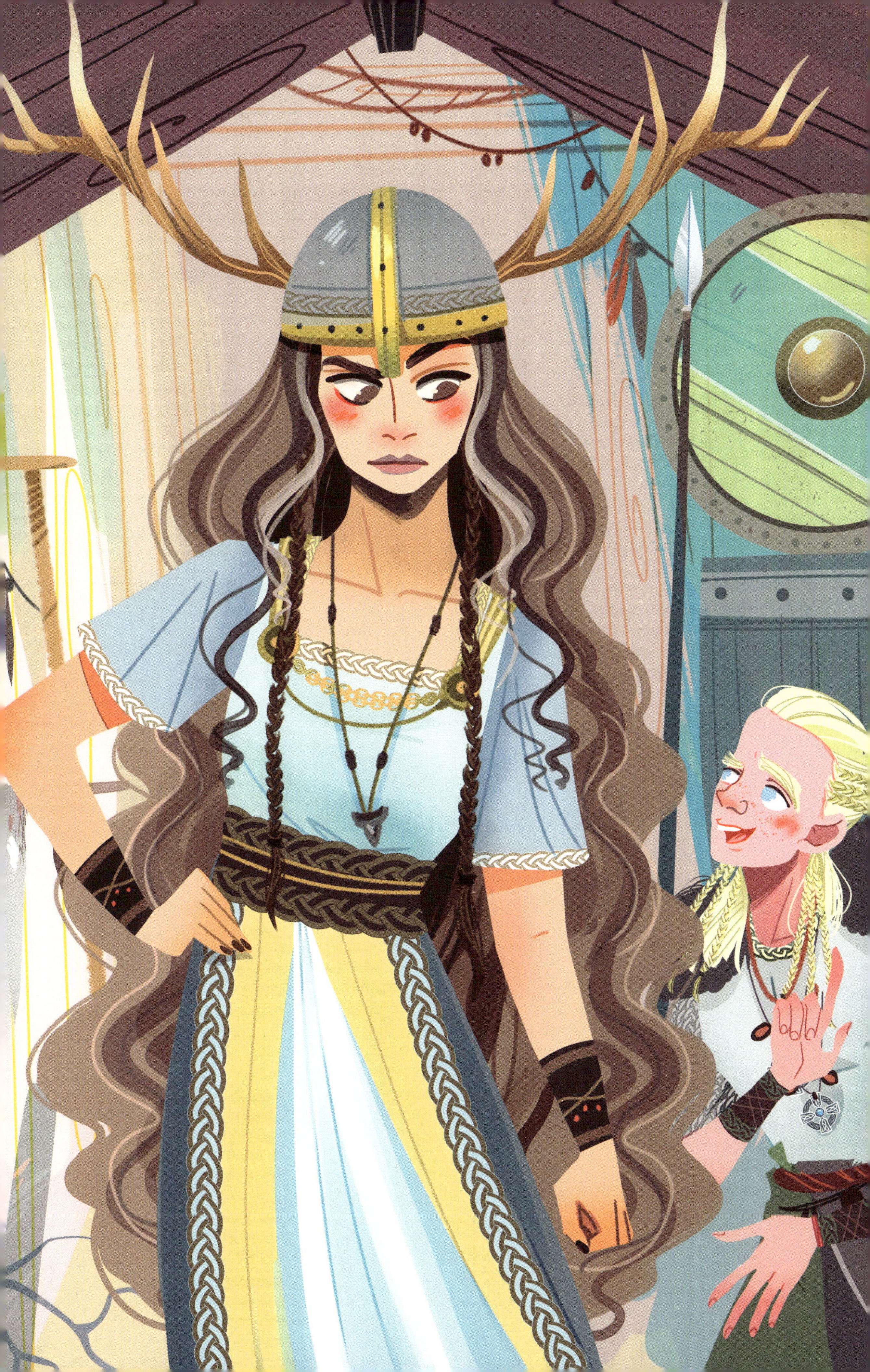

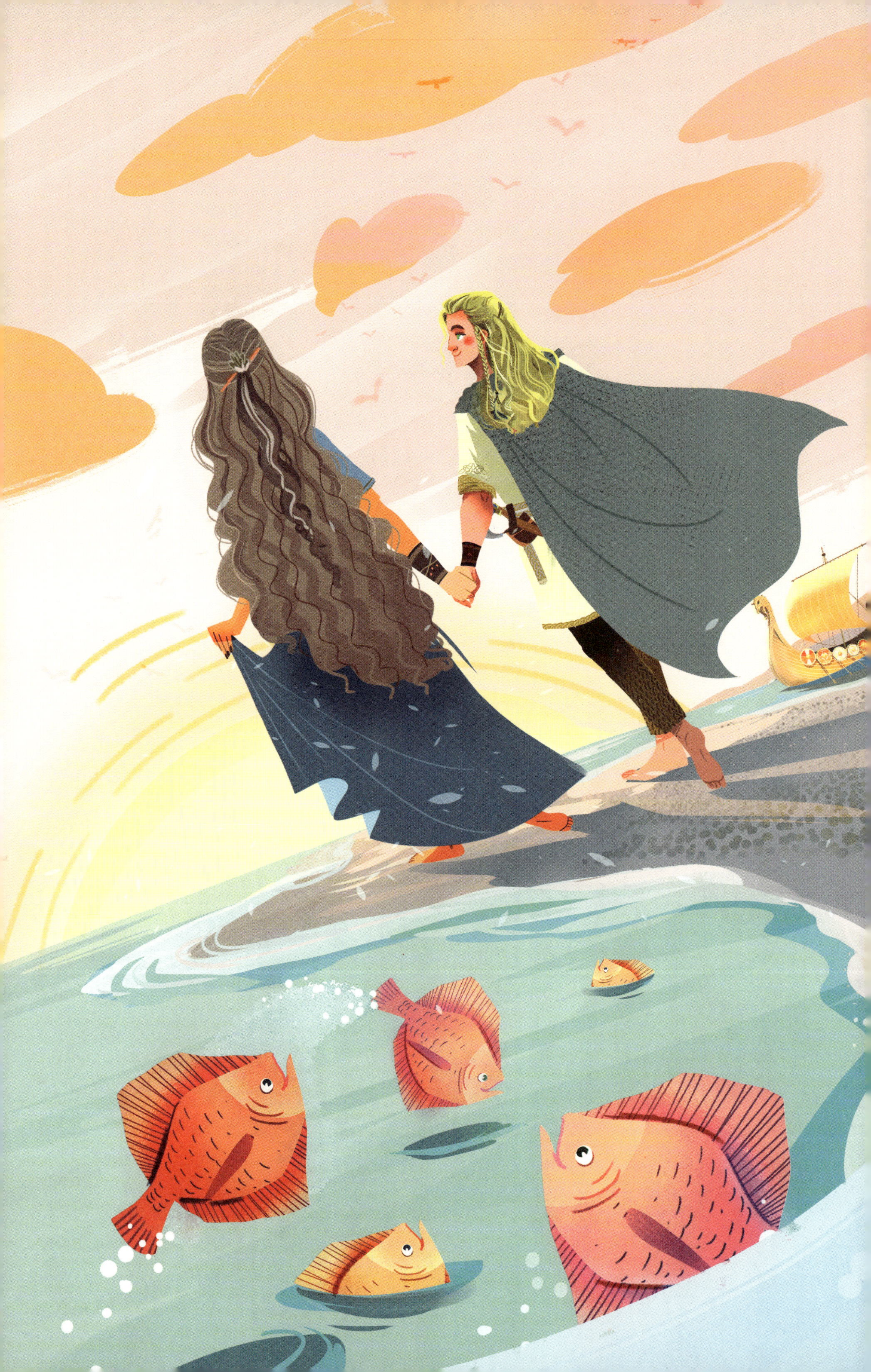

—Solo pide poder tomarte entre sus brazos, al menos una vez.

En aquel momento, ocurrió algo extraordinario: la hermosa Gerd irradió una luz palpitante, como de luciérnagas. Con sus últimas palabras, el elfo había dado en el clavo y la joven se enterneció y empezó a expresar todas sus emociones.

—Dile que me podrá encontrar dentro de nueve días en la isla de Barri —declaró, envuelta en su brillante plenitud.

Y, así, Skirnir pudo volver a Asgard portando buenas noticias para su dueño. Al cabo de nueve interminables días, Freyr finalmente pudo encontrarse con la giganta. En la orilla del mar, acunados por el ruido de las olas, los dos se enamoraron perdidamente. Desde entonces, vivieron felices y no volvieron a separarse jamás.

Valquirias, las guerreras del cielo

Cuando nubes gigantescas recorrían el cielo, llevadas por el viento, las valquirias cabalgaban en sus corceles, evitando ágilmente las descargas de los rayos, los relámpagos y los resplandores del cielo tormentoso. Guerreras con el cabello largo, protegían su cuerpo con corazas de cuero, sus cabezas lucían cascos alados y ellas mismas estaban dotadas de majestuosas alas, parecidas a las de los cisnes, que les permitían galopar por los aires y planear sobre los campos de batalla.

Se decía que eran capaces de presentir la muerte y por eso aparecían en el combate justo antes del golpe final. Avanzaban entre cuerpos, escudos, lanzas partidas y, por orden de Odín, recogían a los guerreros distinguidos por sus actos gloriosos.

Los héroes elegidos por las valquirias se llamaban «einheriar» y seguían a las mensajeras aladas, cabalgando entre las nubes, hasta Asgard. Allí, en el mágico bosque de Glasir, un bosque de árboles con hojas de oro, se ubicaba el Valhalla, la residencia de los héroes. Este palacio inmenso era distinto: las columnas estaban hechas de lanzas, el tejado era una maraña de escudos y los muros se habían construido con las corazas de los guerreros caídos. Desde cualquiera de las puertas de aquella mansión de hierro y bronce podían entrar a paso de marcha hasta ochocientos guerreros en fila militar. Alrededor de las mesas del comedor, miles de héroes daban buena cuenta todas las noches de un banquete, sin dejar de beber hidromiel y comer la carne de Sæhrimnir, un jabalí mágico que renacía cada mañana.

A la primera luz del alba, los gloriosos einheriar practicaban el arte de la guerra para la gran batalla final de Ragnarok. Se vestían con sus armaduras, salían al recinto del castillo y se enfrentaban con espadas y escudos bajo las miradas atentas de las valquirias.

Las fieras guerreras aladas siempre estaban atareadas con su trabajo de mensajeras y, solo de vez en cuando, se permitían un descanso en Midgard, el reino de los humanos.

Una tarde, una valquiria llamada Hervor decidió darse un baño en un arroyo. Estaba acompañada por sus amigas Svanhvit y Olrún. Las tres se quitaron los cascos y las corazas.

—Antes de lanzarnos al agua, tenemos que quitarnos también las alas de cisne —comentó Olrún.

Hervor miró alrededor, temiendo que algún mortal las viera.

—De acuerdo, pero démonos prisa: sin alas, somos vulnerables —les recordó a sus compañeras.

Entonces, las valquirias se quitaron las maravillosas plumas y las escondieron entre las cañas que se balanceaban en la orilla. Pero desde la maleza, alguien las estaba espiando: eran Volundr, un joven granjero, y sus hermanos Egil y Slagfinn.

—Nunca he visto unas chicas tan encantadoras —murmuró este último, extasiado.

—No son mortales, son diosas —precisó Volundr.

—Han escondido sus alas allí abajo. Llevémonoslas, así ya no podrán volar —sugirió Egil, que era el más astuto de los tres.

Y, así, robaron aquellas preciosas alas de cisne.

Cuando las diosas se dieron cuenta de lo que había sucedido era ya demasiado tarde. Sin alas, no podían volver a cabalgar por el cielo y estaban condenadas a quedarse entre los humanos.

Poco a poco, empezaron a acostumbrarse a Midgard y, pasado un tiempo, se casaron con los tres jóvenes que las habían sorprendido en el arroyo. Volundr estaba locamente enamorado de Hervor, su esposa, y él se reveló un marido muy cariñoso. La valquiria, por su parte, le correspondió con su amor y se hizo a la idea de vivir con él.

La casa de Volundr era una vieja mansión, propiedad de su familia desde hacía muchos siglos. Una mañana de invierno, explorando una torre abandonada, Hervor oyó un ruido que procedía de una antigua caja. Al principio era un débil susurro, después se hacía más preciso. *Frrr… frrr.*

Abrió la tapa y encontró las alas que le habían sido robadas. Dudó un instante y, después de acariciar las hermosas plumas que no había visto en mucho tiempo, se las puso.

Al instante, felices de haber recuperado a su dueña, las alas de cisne se abrieron y la levantaron del suelo. Y, así, Hervor salió volando. Libre.

Desde lo alto, al ser capaz de verlo todo, encontró los escondites de las alas de Svanhvit y Olrún, que también volvieron a revolotear entre las nubes como ella.

Se dice que Egil y Slagfinn se marcharon para recuperar a sus esposas, pero nadie los volvió a ver. Volundr, en cambio, no se movió: siempre había sabido que, tarde o temprano, Hervor volvería a su vida de guerrera.

Con el corazón roto, no paraba de decirse a sí mismo que aquello era justo. Había intentado encarcelar a su amada y se merecía ese desenlace. No se volvió a casar nunca y vivió para siempre solo en aquel viejo castillo.

Todos los días, forjaba un anillo de oro, idéntico al que le había regalado a Hervor cuando se habían comprometido. Lo extraía del fuego, lo modelaba y, después, lo enseñaba al cielo, esperando que ella volviera, pero sabía que eso no pasaría nunca. A veces, sin embargo, creía oírla.

Hervor le lanzaba una mirada fugaz, después espoleaba a su caballo y salía a galope, dejando tras de sí los rayos multicolores de la aurora boreal.

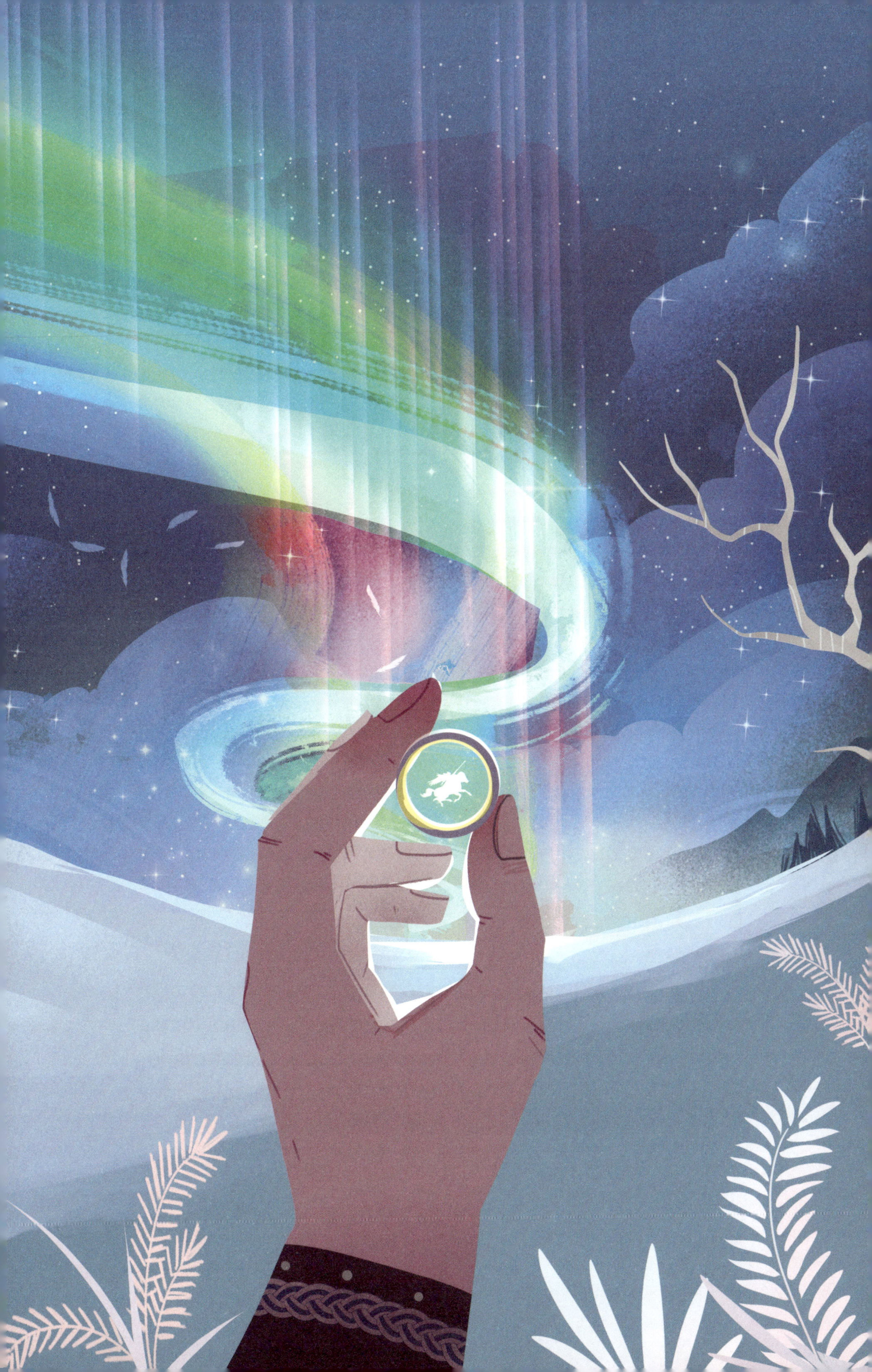

Sigfrido y la sangre del dragón

Hace mucho tiempo el enano Regin encontró a un niño que se había quedado huérfano y se lo llevó para que viviera con él en su cueva, excavada en la ladera de una montaña.

Este niño se llamaba Sigfrido y era muy diferente a los demás: Regin se había dado cuenta enseguida. Desde muy pequeño corría muy deprisa por desfiladeros y acantilados escarpados, jugaba a luchar con los lobos del bosque, movía rocas y levantaba troncos de árbol. Se convertiría en un guerrero de una fuerza excepcional y el enano tenía grandes proyectos para él.

En realidad, Regin no era una criatura amable. Sediento de oro y riquezas, ansiaba conseguir un famoso tesoro.

—Ya soy mayor, Regin, quiero salir de esta cueva, ir en busca de aventuras y conquistar el mundo —declaró Sigfrido un día, calzando sus botas de piel de oso.

Una cascada de tirabuzones rubios caía sobre sus poderosos hombros. Se había convertido en un adulto.

—Tengo una misión perfecta para ti. Tienes que hacerte con el tesoro de los Nibelungos.

Los ojitos de Regin brillaban de codicia, toda su vida había estado esperando este momento.

—¿Hacerme con un tesoro? No me parece un reto muy complicado.

—Tendrás que destrozar al terrible dragón que lo guarda.

—Bueno, en este caso, me ofrezco —contestó el chico.

Como todos los de su estirpe, Regin era un gran orfebre y forjó para Sigfrido una espada maravillosa, tan poderosa como para partir un yunque y tan afilada como para cortar en dos un hilo de lana.

Entre nubes de vapor y piedras ardientes, el dragón, que se llamaba Fafnir, dormitaba cerca de un río, aferrando con sus garras afiladas el cofre del tesoro.

Al llegar cerca de la guarida, acompañado por Regin, el valiente Sigfrido estudió la bestia con mucha atención: tenía que cuidar cada movimiento. De repente, como salido de la nada, apareció un caminante. Tenía el rostro oculto bajo una capucha. Se acercó a Sigfrido y le dijo con determinación:

—Joven, cava una fosa al lado del torrente y acuéstate en ella. Cuando el dragón se despierte, pasará por encima de ti y lo podrás apuñalar a la altura de su corazón.

—Gracias por el consejo —le contestó el guerrero.

—Escúchame ahora… La sangre del dragón es mágica, te volverá invencible —añadió el desconocido.

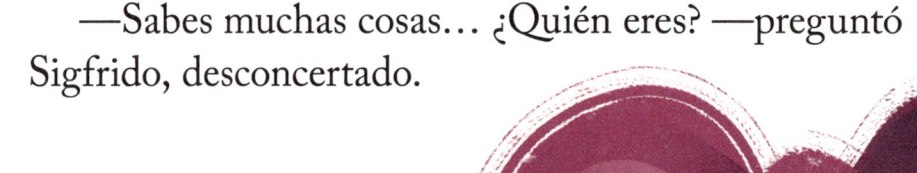

—Sabes muchas cosas… ¿Quién eres? —preguntó Sigfrido, desconcertado.

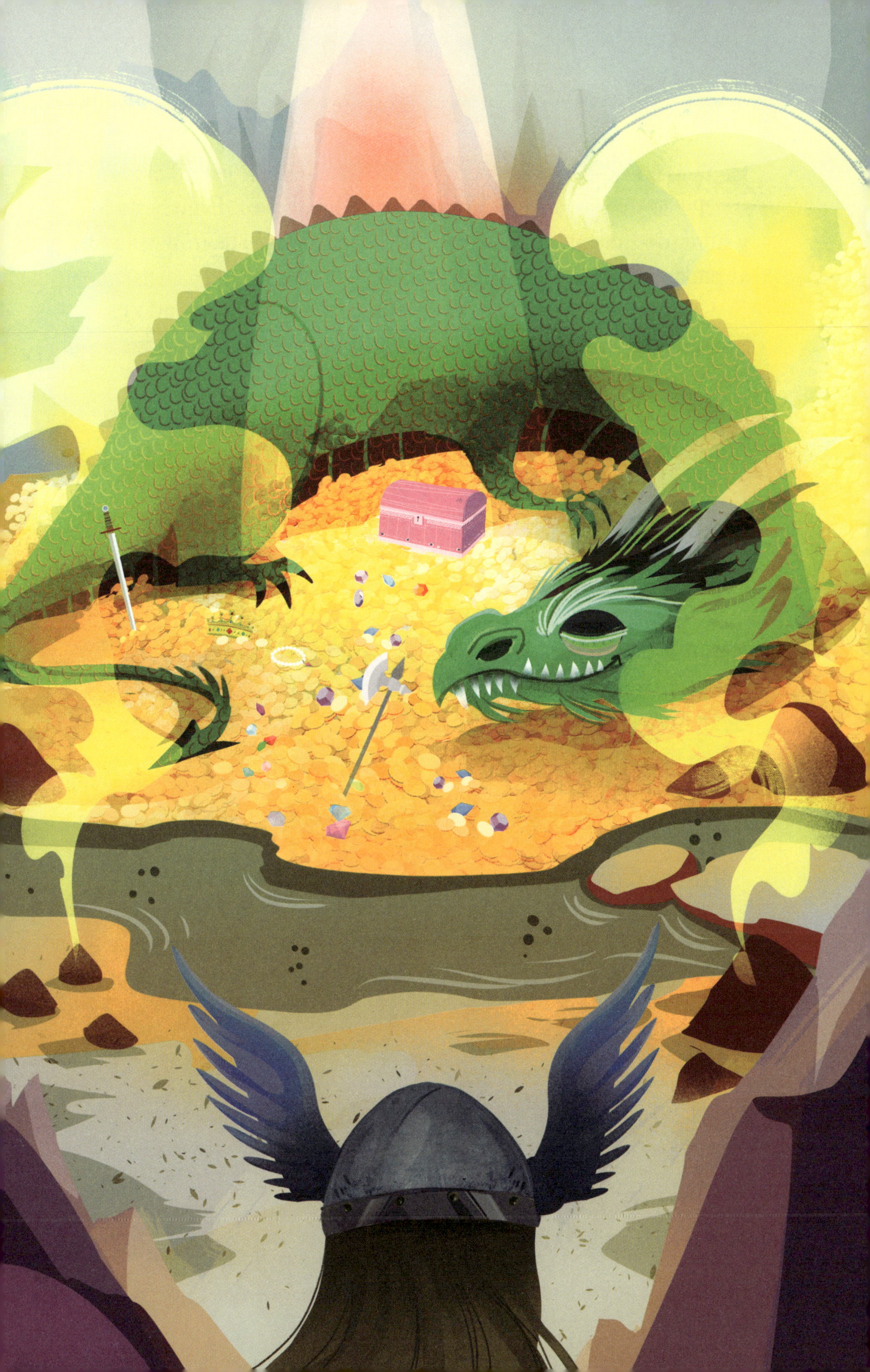

El anciano no contestó, pero un rayo de luz le iluminó el rostro: tenía solo un ojo. Era Odín, ¡el rey de los dioses! Emocionado y honrado por aquel encuentro, el héroe siguió sus indicaciones al pie de la letra.

Cavó una fosa y se acostó en ella para esperar. Cuando el dragón se despertó y salió de su guarida, Sigfrido lo atravesó con su espada. Como si fuera una fuente, del pecho del monstruo brotó mucha sangre, hasta formar un lago rojo tan profundo que cubrió a Sigfrido.

Una hoja que revoloteaba empujada por el viento se posó en la espalda del joven, así que justo ahí, entre los omóplatos, la sangre no llegó a impregnar la piel de Sigfrido. En aquel punto el guerrero continuó siendo vulnerable.

El malvado Regin, mientras tanto, lo había visto todo. Riéndose, se dijo que debía darse prisa para deshacerse del joven y, así, el tesoro de los Nibelungos sería solo para él. Se detuvo para golpearlo por la espalda, pero Sigfrido se giró y, con un rápido movimiento, lo mató.

Tras esa hazaña, el héroe se subió a su corcel y se marchó, preparado para nuevas aventuras. Se sentía fuerte y así era, pues, salvo por aquel trocito de piel, era invulnerable. También tenía la alforja cargada del oro conquistado. Solo le faltaba una cosa: encontrar su gran amor.

Cabalgó durante mucho tiempo y llegó a un campo de batalla, donde vio a una hermosísima valquiria, llamada Brunilda, atrapada en una maraña de escudos y rodeada de fuego.

La guerrera había desobedecido a Odín y, encerrada en un cerco de llamas, recibía su castigo. Alentando a su caballo, Sigfrido consiguió superar el fuego y liberarla.

Los dos se enamoraron perdidamente y, como sucede cuando uno encuentra su alma gemela, Sigfrido abrió su corazón a su amada y le contó todo sobre sí mismo, desde su infancia en la cueva hasta la aventura con el dragón, incluso el detalle de la hojita que se le había posado en la espalda.

Pasaron los días y una mañana, al alba, Sigfrido decidió marcharse. Deseoso de vivir nuevas aventuras, se despidió de su esposa, no sin antes prometerle volver en cuanto hubiera conquistado un reino y una corona.

Como señal de su afecto, dejó a Brunilda un magnífico anillo, parte del tesoro de los Nibelungos. Aquella joya, sin embargo, estaba maldita: traía desgracias al que la portaba.

El héroe cabalgó durante días enteros y llegó a la tierra de los burgundios, donde gobernaba el rey Gjuki y su mujer, Krimilda, una poderosísima hechicera.

—Marido mío, ¿qué dices de un matrimonio entre el matadragones y nuestra hija Gudrun? Tenemos que emparentarnos con él a toda costa —insistió la reina.

—De acuerdo, pero ¿cómo lo haremos? Dicen por ahí que ya está prometido con una valquiria —suspiró el rey.

Por la noche, Krimilda se encerró en su sala de pociones y preparó un elixir de amor que, por la mañana, daría de beber al confiado Sigfrido, dejando caer unas gotas en un cuenco de leche. El héroe, hechizado por el elixir, se olvidó de todas las promesas que le había hecho a Brunilda, se casó con Gudrun y se quedó a vivir en el reino de los burgundios.

Desesperada, Brunilda lloró durante días, meses y estaciones enteras.

El joven Gunnar, hermano de Gudrun, la cortejó y acabó casándose con ella. Pero, por más atento que se mostrara su afectuoso marido, no conseguía olvidar a Sigfrido.

Un desdichado día, viendo que su primer y único amor estaba atado a Gudrun, Brunilda se desfogó con Gunnar. Las palabras salían de su boca como un río salvaje y terminó revelando el secreto de Sigfrido que solo ella conocía: el héroe invencible tenía un punto débil, entre sus omóplatos había un pequeño trocito de piel vulnerable.

A partir de ahí, todo se precipitó. Durante una trágica batida de caza, Gunnar lanzó la flecha fatal que alcanzó a Sigfrido en la espalda y lo mató. En el funeral del héroe encendieron una gran hoguera, decorada con escudos y espadas. Todos lloraron y los lamentos de Brunilda, arrepentida, llegaron hasta el Valhala.

La maldición del anillo se había cumplido.

El robo de Mjolnir

Una mañana, con la melena enredada y aspecto alterado, el dios Thor salió de su palacio y dio un puñetazo a una columna, que se agrietó en varios puntos.

—¡Alguien me ha robado el martillo! —tronó.

El dios Loki, tan angelical como siempre, se volvió para mirar a su amigo.

—¿Estás seguro?

—No lo encuentro por ningún sitio, alguien se lo ha debido de llevar por la noche.

—¿Sin que te enteraras de nada?

—Temo que anoche bebí demasiada hidromiel y caí en un sueño muy profundo.

Thor, desesperado, no paraba de toquetearse nerviosamente la punta de la barba.

—Ya me ocupo yo. Le pediré a Freya su capa de plumas y saldré a buscarlo; recorreré todos los rincones hasta dar con el culpable —se ofreció Loki.

Y, así, salió volando, envuelto en la capa mágica de la diosa.

Sobrevolando Jotunheim, el reino de los gigantes, el dios vio a uno de los habitantes riéndose a carcajadas. Aquello le llamó tanto la atención que aterrizó y se presentó ante el gigante, que resultó ser Thrym, el rey de los ogros.

—¿Todo bien en Asgard? —preguntó aquel hombretón, con gesto irónico.

—Para nada, alguien ha robado el martillo de Thor y, ahora, mi amigo está furioso —le contestó Loki, acariciando las relucientes plumas de halcón que cubrían sus hombros.

—Escucha, microbio, el martillo está en mi poder y lo tengo en una cueva donde nadie jamás lo encontrará. A menos que…

Con aquellas dos cabezas de alfiler que tenía por ojos, perdidos en un rostro inmenso, el ogro miró fijamente a Loki.

—¿Qué quieres? ¿Oro? ¿Joyas? Estoy dispuesto a pagarte.

—No me interesan tus riquezas. A cambio de Mjolnir, quiero a la diosa Freya como esposa. Se dice que es bellísima. Te espero aquí con ella dentro de tres días.

Loki se marchó de Jotunheim, bastante preocupado. Sobrevoló varios reinos y aterrizó en la residencia de Freya, donde Thor también lo esperaba impacientemente. La diosa despachó aquella idea de Thrym y se despidió de Thor con una sonrisita.

—¿Has dejado que te robasen el martillo y ahora pretendes que yo sea moneda de cambio? ¡Apáñate tú solo!

Después, se subió a su carro, tirado por sus gatos salvajes, y despegó. Poco después, apenas era ya un puntito entre las nubes.

—Y, ahora, ¿qué podemos hacer? —suspiró el dios del trueno.

—Podemos hacer que TÚ seas la esposa —propuso Loki.

—¡¿Qué?! Loki, ¡estás completamente chiflado!

—Piénsalo. No hay otra solución. Te tendrás que vestir con la ropa de Freya y yo te seguiré, seré tu doncella.

Dicho eso, el dios del engaño se transformó en sirvienta. No quedaba otra solución que poner en marcha aquel plan de locos. Al cabo de tres días, Thor se presentó delante del portón del castillo del ogro, disfrazado de Freya, con la barba oculta tras un velo ligero y las piernas peludas bien escondidas bajo una túnica que le llegaba a los pies.

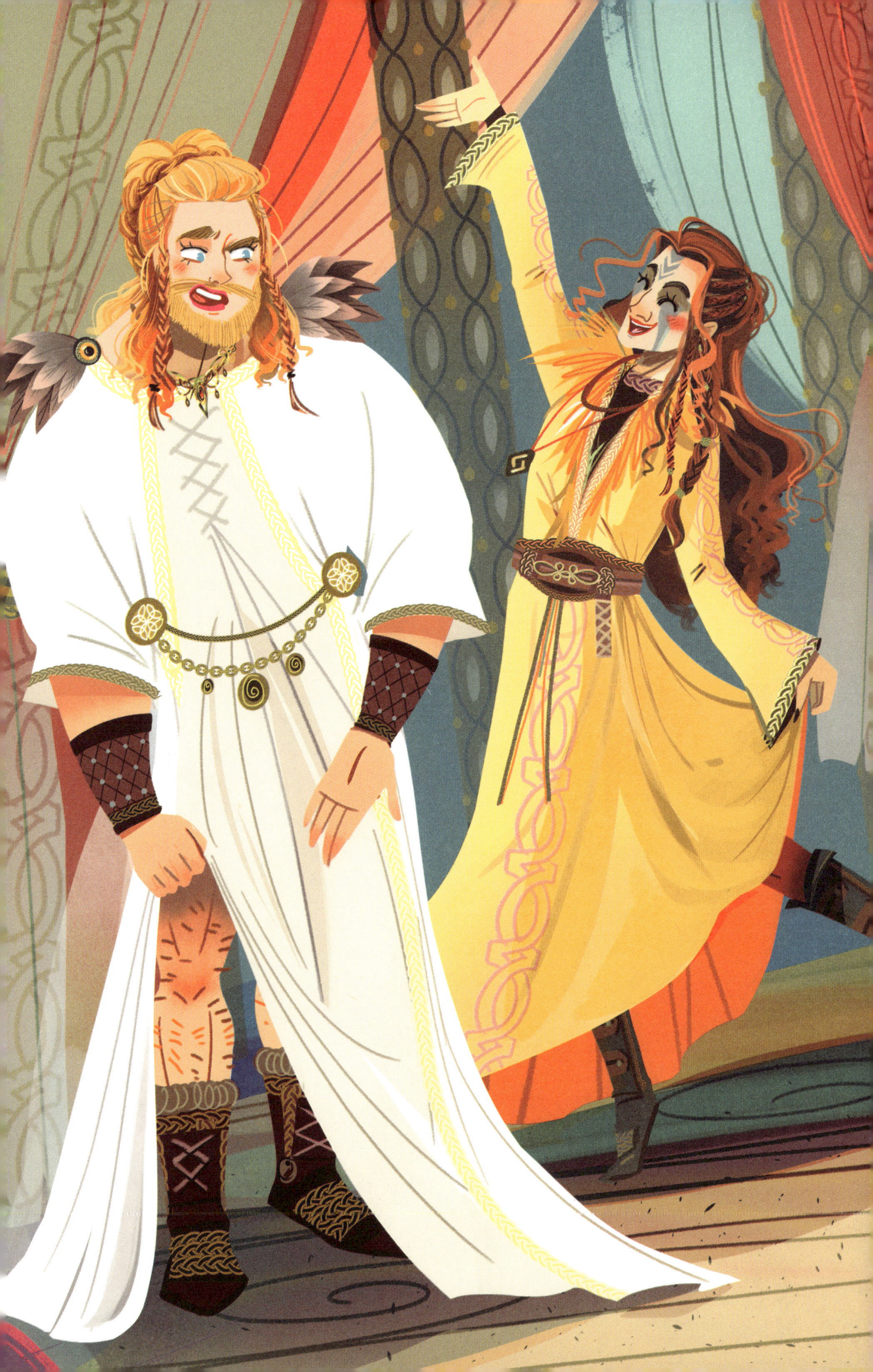

La diosa barbuda iba acompañada por una doncella, el astuto Loki, naturalmente, que anunció a todos la llegada de su señora.

El ogro no cabía en sí de felicidad: jamás se había imaginado siquiera casado con la más hermosa de las diosas de Asgard y cubrió a Freya-Thor de cumplidos; hasta llegó a elogiar sus gruesas manos.

También advirtió que los brazos, cubiertos de vello rojizo, lucían preciosas pulseras y se dijo que, por lo visto, los gustos de los dioses no eran distintos a los de su pueblo. Freya, de hecho, parecía una ogresa.

Hinchado de orgullo, Thrym invitó a su prometida a un magnífico banquete.

Sobre la mesa había decenas de bandejas atestadas de manjares que desprendían deliciosos aromas por el aire. Ante el estupor de los participantes, la graciosa Freya-Thor devoró un buey entero, ocho salmones, cuatro pasteles de carne, bizcochos y dulces a discreción y, después, se tomó un barril entero de hidromiel.

—Un poco de moderación —susurró Loki a su amigo, dándole un codazo.

—Nunca he visto comer tanto a una doncella —comentó el ogro receloso.

—Ilustre Thrym, mi señora no ha comido en toda la semana y estaba nerviosa con la idea de conocerte… —improvisó Loki-criada, con voz angelical.

Contento con aquella explicación, el ogro se acercó a su futura esposa para pedirle un besito como muestra de su amor. Apartó el velo que le cubría el rostro y, alarmado por aquella mirada ardiente como las brasas, dio un salto atrás y exclamó:

122

—¡Por todos los nueve reinos! ¡Qué mirada tan inquietante!

—Mi señor, estas últimas noches, la pobre Freya no ha conciliado el sueño y por ello tiene ojeras y los ojos enrojecidos.

Esta segunda respuesta improvisada por Loki también consiguió salvar la situación.

Y así llegó el momento culminante de la fiesta: la boda. Para celebrar la ceremonia nupcial, el ogro ordenó traer su bien más valioso y enseñárselo a su esposa. Y el mayor tesoro de Thrym era el mismísimo… martillo de Thor.

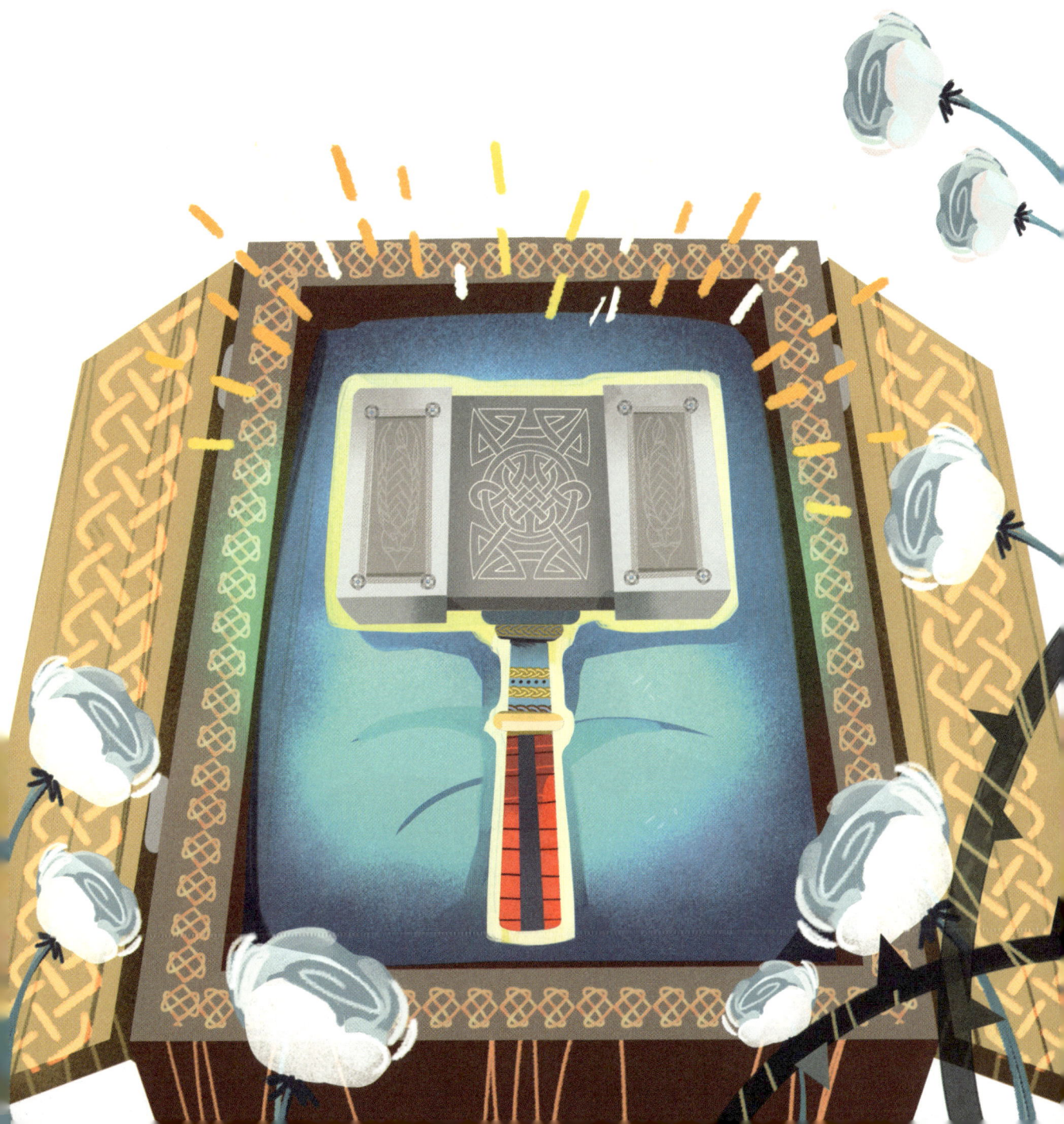

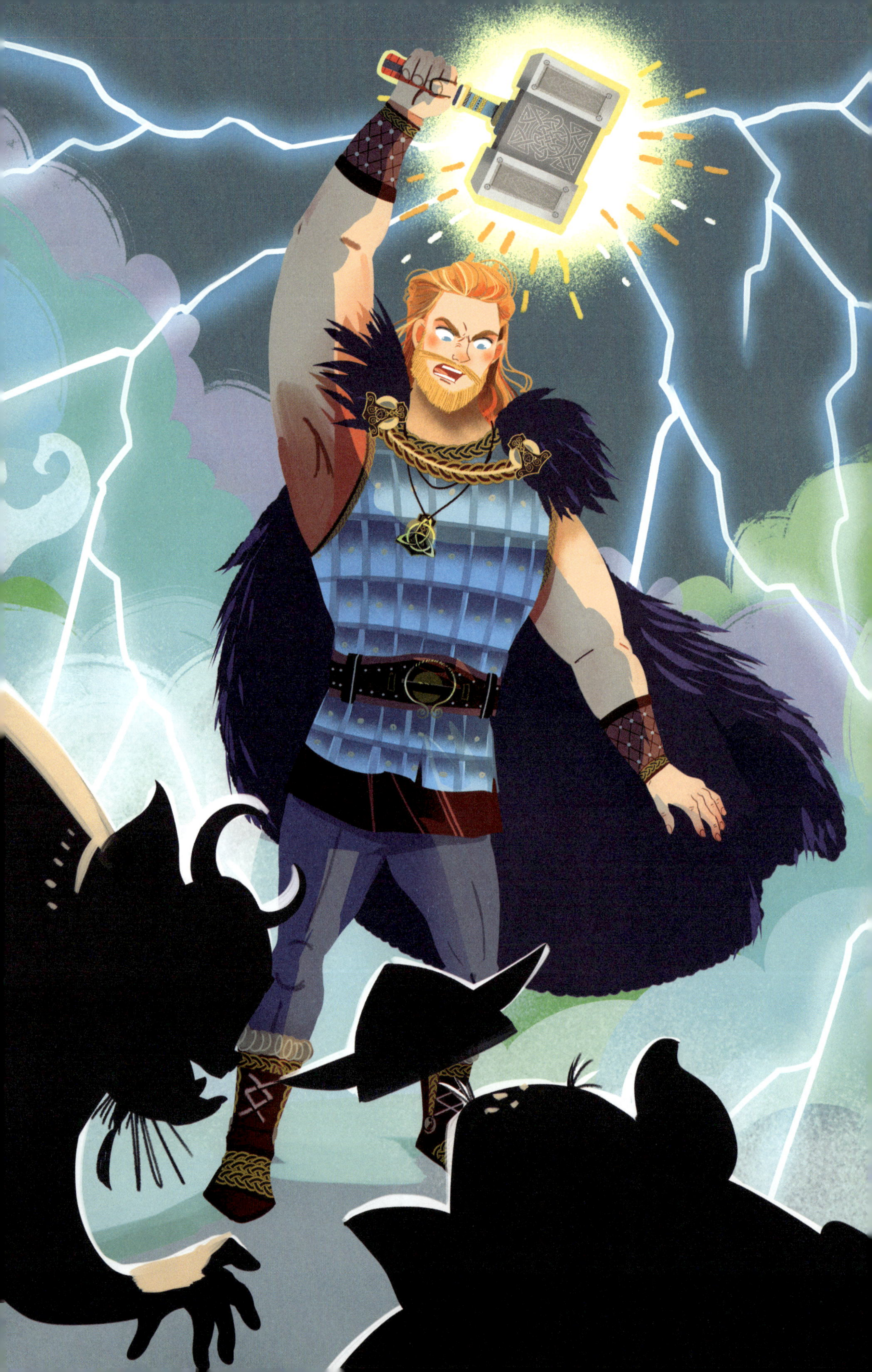

En cuanto Mjolnir llegó a las manos de la futura esposa, Thor-Freya, desesperada ya por que llegara ese momento, se arrancó el vestido de novia, agarró su querido martillo y lo lanzó al aire.

Revoloteando por las cuatro esquinas de la sala, Mjolnir se abalanzó sobre los gigantes. Bajo sus golpes implacables, cayeron todos los presentes, también el necio Thrym.

Thor extendió el brazo y Mjolnir volvió a sus manos.

Loki recuperó su aspecto habitual y miró a su alrededor.

—Yo diría que ya te has vengado.

—No soporto que intenten apropiarse de mi martillo.

Thor se colgó Mjolnir del cinturón.

—Lo has recuperado, con mi inestimable ayuda; ¡como mínimo podrías mostrarte agradecido! —protestó Loki.

—Está bien: gracias. Pero no le cuentes a nadie cómo hemos conseguido recuperarlo. ¿Entendido?

—El vestido de Freya te favorecía mucho —se burló Loki.

—¡Agrrrr! —gruñó el dios del trueno. Y, juntos, emprendieron el camino de regreso a Asgard.

La elección de Skadi

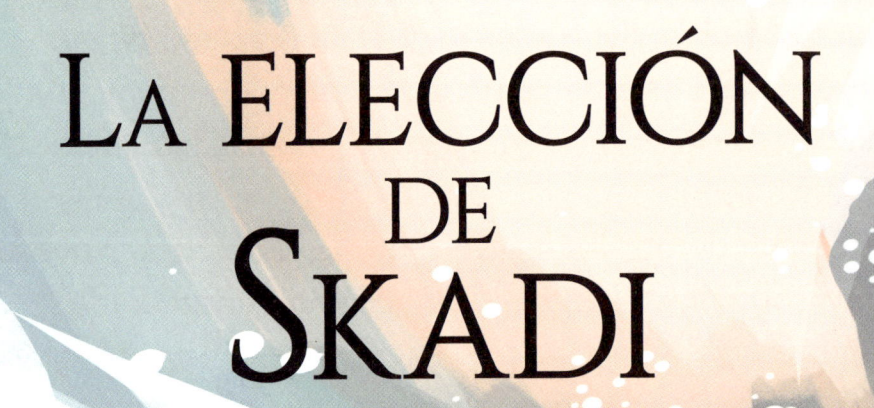

Un día, una giganta llamada Skadi, también conocida como «la señora de las nieves», se presentó ante los dioses a bordo de un trineo tirado por lobos de pelaje blanco y acompañada por un torbellino de copos helados.

—Habéis matado a mi queridísimo padre, el gigante Thiazi. Ahora exijo venganza —declaró la imponente criatura, con mirada amenazante.

De hecho, los dioses Æsir estaban en guerra continua con los gigantes y Thiazi era quien había robado las manzanas de la juventud. Una historia fea que había acabado mal para él.

—Sé que echas de menos a tu padre, pero la venganza no te lo devolverá —le contestó Odín.

—No estoy de acuerdo, después de mataros a todos, me encontraré mejor —le rebatió ella.

Su figura destacaba entre los guerreros Æsir: la melena, sujeta por una diadema de piedras, se le enredaba y caía sobre la piel de oso que le servía de capa; llevaba una larga espada atada a su cinturón, y un arco sobre los hombros. La diosa Frigg susurró:

—Debemos evitar la ira de esta colosal guerrera.

—Te propongo una reparación —espetó entonces el astuto Odín—. Te procuraremos un marido, un hombre que te querrá hasta el infinito.

Había advertido que Skadi miraba con interés a su hijo Balder, el más apuesto y fascinante de los dioses Æsir. Decididamente, la giganta tenía buen gusto.

—Acepto —sonrió Skadi.

—Con una condición —siguió Odín—: no podrás elegir a tu esposo mirando su rostro, sino sus pies.

—¿Sus pies? —Skadi se quedó perpleja, pero ya había aceptado la propuesta del dios y su orgullo no le permitía echarse atrás.

Poco después, uno a uno, los dioses se quitaron las botas de piel y se escondieron detrás de una pesada cortina que llegaba hasta el suelo. Skadi, que estaba esperando fuera de la sala, vigilada por los guardias, volvió a entrar.

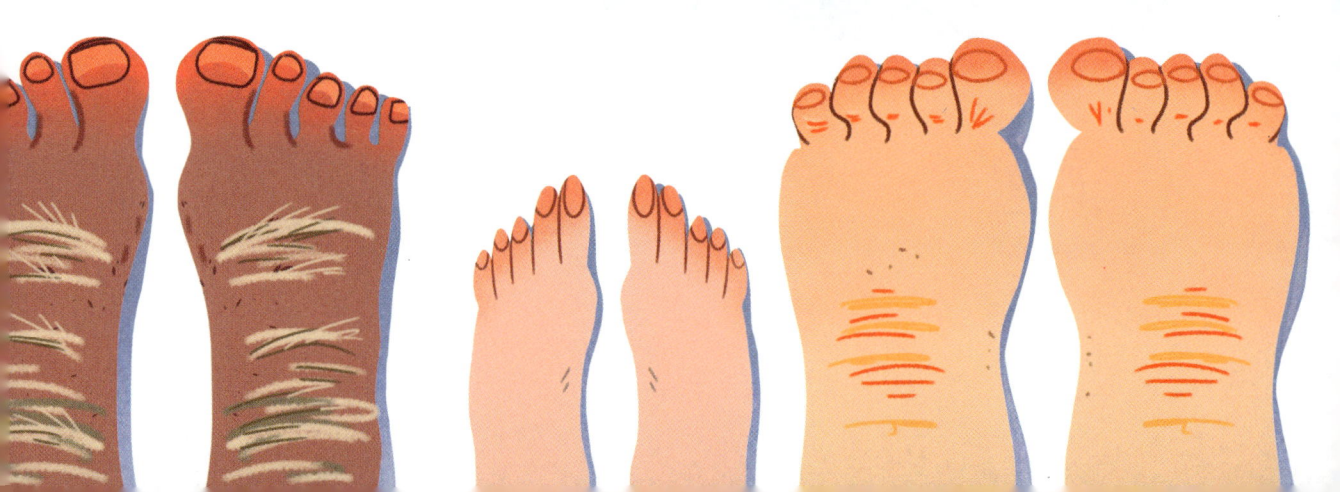

La giganta caminó adelante y atrás, observando con detenimiento los pies que sobresalían de la tela.

—Demasiado peludos… Demasiado pequeños… Demasiado grandes… Este está torcido… Uñas sucias… Los dedos completamente desproporcionados…

De repente, soltó un grito de entusiasmo.

—¡Ahí, ya los he visto! ¡Los pies más bonitos de los nueve reinos! Solo pueden pertenecer a Balder. ¡Sí! Él será mi marido.

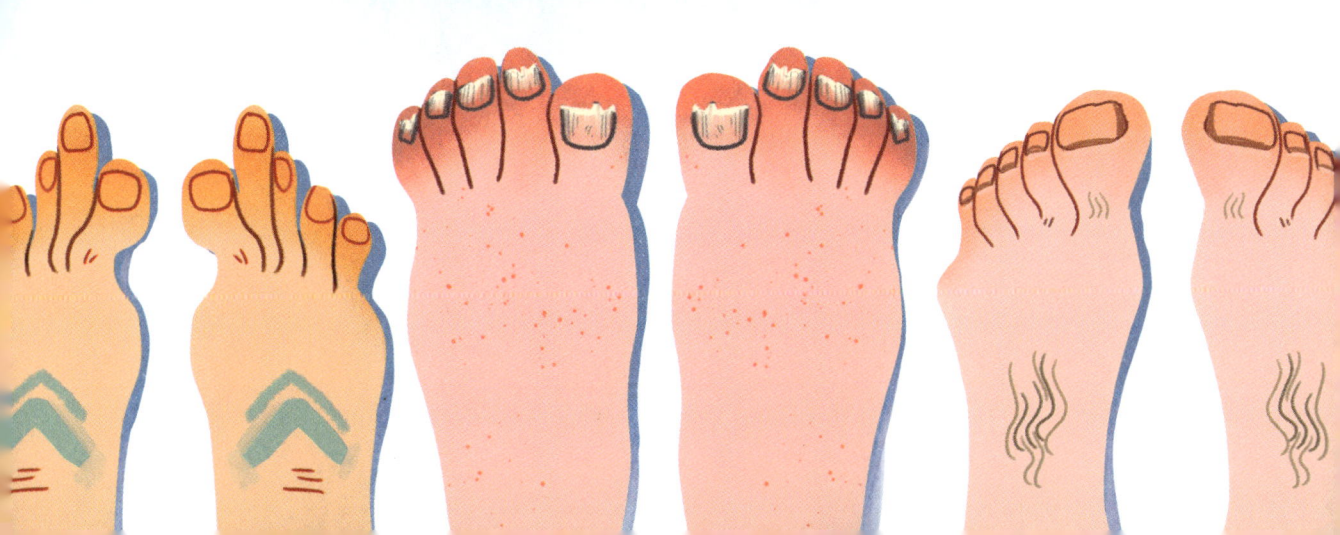

El de los pies perfectos salió de detrás de la cortina y se reveló a su futura esposa. No era el fascinante Balder, sino Njord, el dios de las naves y las tormentas, un hombretón corpulento con una espesa barba cargada de algas y conchas, y con la piel tan lisa como la de una anguila. Skadi se quedó desconcertada, quería al estupendo Balder, no a un dios que parecía el despojo de un *drakkar* naufragado en la playa.

La ceremonia nupcial se celebró a todo correr y fue un poco triste. A los dos cónyuges les costó adaptarse el uno al otro. Skadi era una criatura hibernal, le encantaban los bosques cubiertos de escarcha y las montañas que solía cruzar con sus velocísimos esquís. Njord, en cambio, solo estaba a gusto cerca del mar, donde podía dormir, acunado por las olas y despertarse con el graznido de las gaviotas.

Finalmente, para encontrar un punto intermedio, marido y mujer decidieron pasar nueve noches entre las nieves eternas y otras nueve en un acantilado azotado por el agua salada. A pesar de este acuerdo, su unión resultó muy complicada. Y la gigante siempre estaba de mal humor.

—¿Algo no va bien? ¿Tu matrimonio no te hace feliz? —le preguntó un día Odín.

—No, no es eso. Njord no es el gran amor que había soñado, pero ha mostrado ser un buen compañero —contestó ella.

—Entonces, dime.

—Es mi padre, quisiera que todos lo recordaran —confesó la señora de las nieves.

Odín asintió, comprensivo, y le enseñó a Skadi dos esferas luminosas de un maravilloso resplandor dorado.

—¿Ves esto? Son los ojos de tu padre, los he conservado desde su muerte.

En el rostro de la giganta se dibujó una expresión de sorpresa.

—Sígueme, hija de Thiazi.

El rey de los dioses salió de palacio con las esferas bien sujetas en las manos:

—A partir de hoy, los ojos de tu padre serán dos estrellas.

Después, con toda la fuerza de sus brazos, lanzó los globos al cielo nocturno. Las esferas volaron muy lejos dejando a su paso un rastro luminoso y empezaron a brillar en la inmensidad del firmamento.

—Se llamarán «las estrellas de Thiazi», ¿correcto? —preguntó la giganta.

Odín asintió con la cabeza.

—Ya nadie podrá olvidarse de su nombre.

Thor contra los gigantes

Con ganas de descubrir nuevas tierras, el dios Thor, Loki y el sirviente Thjalfi se habían adentrado en Utgard, el salvaje reino de los gigantes de piedra y de hielo. Los tres se detuvieron delante de un castillo. Con ruidos y chirridos, bajaron el puente levadizo. Thor anunció:

—Aquí vive Utgarda-Loki. Quiero conocerlo.

—Utgarda-Loki… tiene un nombre parecido al mío —se rio el dios del engaño.

—Sí, pero él es un gigante y, además, el rey de Utgard.

Sentado en un trono que alcanzaba el techo, Utgarda-Loki observó a los recién llegados con curiosidad.

—Mira qué bien, tres hombrecitos de viaje. —Después, se incorporó para ver mejor al dios del trueno—. Pelirrojo, mirada desafiante, martillo con mango corto… Thor, me han hablado de ti. Y tú, flacucho, con ese aire de listillo, te conozco… eres Loki, mi homónimo de Asgard.

—Una observación muy perspicaz —le contestó Loki.

—Si queréis ser mis invitados, tenéis que mostrarme vuestras habilidades. Decidme, ¿sabéis hacer algo especial? —preguntó el coloso con aire provocador.

—Yo sé comer mucho y muy deprisa. Eso me sale muy bien —dijo Loki, que llevaba muchas horas en ayunas.

—Muy bien, mi sirviente Logi te retará en un concurso para ver quién come más.

Utgarda-Loki hizo una señal con las manos.

En el centro de la sala montaron una larga mesa atestada de comida de todo tipo. Los dos concursantes se sentaron en cada uno de los extremos de la misma. Cuando el rey dijo «¡Adelante!», el concurso empezó. Loki engulló ocho patos asados, seis piernas de jabalí, una montaña de huevos, una pila de pescado a la brasa, cabritillos, liebres, panes y bollos. ¡Su apetito era insaciable! En el otro extremo, Logi, un tipo alto y seco como un palo, no se quedó atrás y siguió atiborrándose hasta engullir incluso las patas de la mesa. Cuando ya no quedó ni una sola miga, Utgarda-Loki dio el concurso por terminado.

—Habéis estado estupendos los dos, pero ha ganado mi sirviente, porque se ha comido hasta la mesa.

Loki se lo tomó fatal, nunca había perdido un concurso semejante.

—Ahora, pasemos al segundo reto —siguió el gigante—. Thjalfi, ¿tú qué sabes hacer?

El joven sirviente de Thor dio un paso adelante, avergonzado.

—¿Yo? Yo… soy bastante bueno corriendo.

—Perfecto, entonces retarás a Hugi.

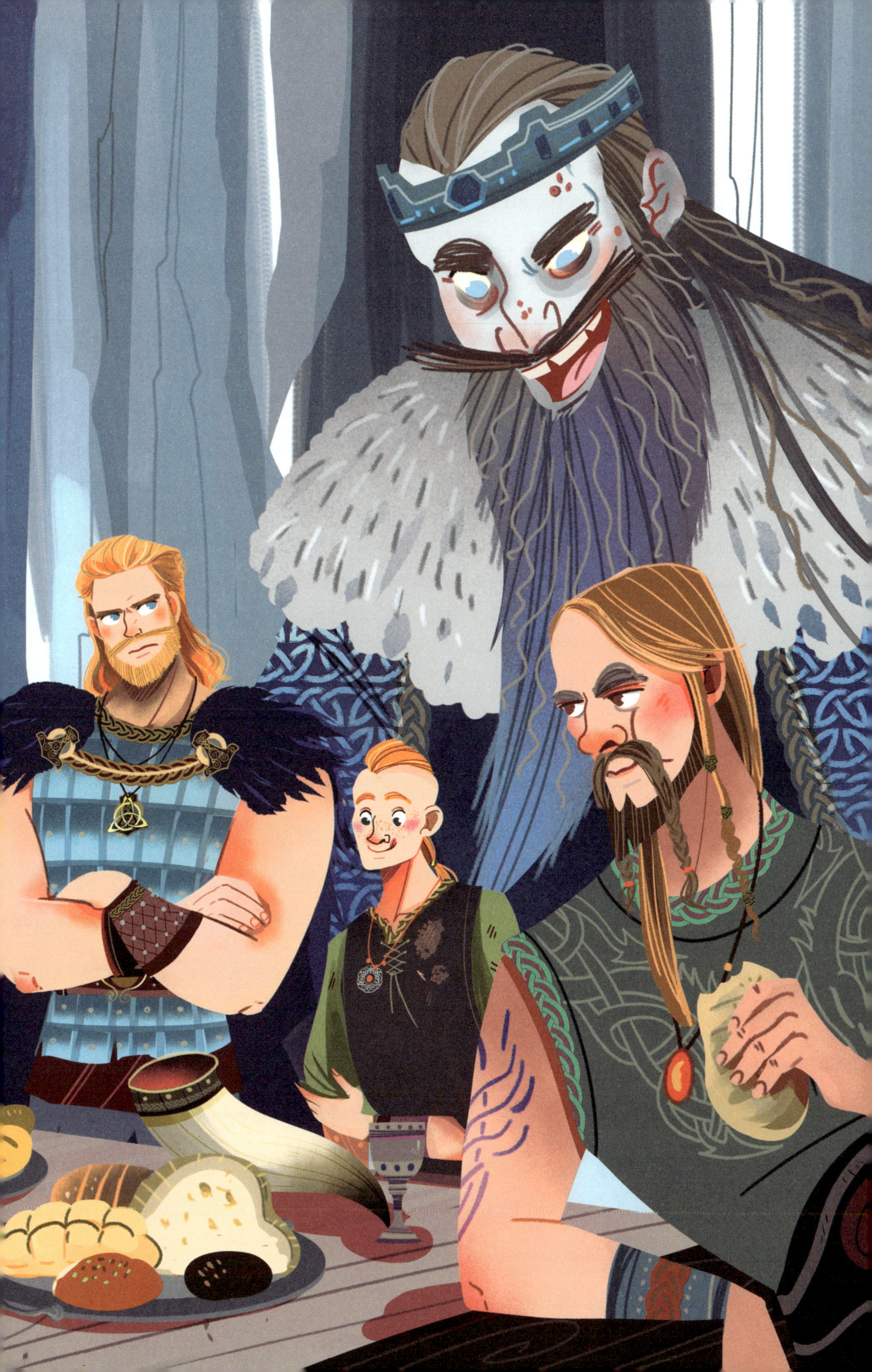

El concursante se presentó delante de todos, contento por poder participar en el reto, aunque todavía era un crío.

—¡Es muy pequeño! —protestó Thjalfi.

—Así es porque quiero ayudarte. No serías capaz de ganar a un gigante adulto.

Seguido por toda la corte, Utgarda-Loki salió del castillo para instalarse en un espacio donde se abrió una pista, adaptada para la carrera.

Empezó la competición, pero esta vez tampoco las cosas salieron mucho mejor. Por muy rápido que corriera, Thjalfi no fue capaz de superar al niño gigante. Finalmente, Hugi llegó a la línea de meta cuando al sirviente aún le quedaba la mitad del recorrido.

—Si continuamos así, el rey no nos dará cobijo —susurró Loki, preocupado.

—Déjame a mí.

Thor se golpeó en el pecho. No estaba acostumbrado a la derrota y se aplicó con mucho entusiasmo a una serie de competiciones bastante extrañas. Primero, Utgarda-Loki lo invitó a beber de un larguísimo cuerno que solían utilizar los gigantes.

—Intenta acabarte toda el agua.

Thor empezó a tragar… Pero, por mucho que bebiera, el cuerno nunca se vaciaba.

—Qué lástima, se ve que nuestro cáliz es demasiado grande para un hombretón como tú —se burló el rey de los gigantes, muy satisfecho.

—Lánzame otro reto: esta vez, no fallaré —aseguró el dios.

—De acuerdo. Intenta levantar a mi gato.

Utgarda-Loki señaló un enorme gato atigrado tan alto como una chimenea que dormitaba tranquilamente delante del fuego. Thor se ciñó al máximo su cinturón mágico de cuero, que le permitía multiplicar por diez su fuerza, y se acercó al ciclópeo felino. Intentó moverlo con las manos, trató de tirar de él por el pescuezo, por las patas, por la cola… Pero ese maldito gato no movía ni siquiera una sola pata. Parecía pegado al suelo.

—No eres más que un hombrecillo… ¡Jamás lo conseguirás!
El gigante se reía a carcajadas.
¿Tratar de hombrecillo al poderoso Thor? Esta vez se había pasado de verdad. Nadie se había atrevido a llamarlo así en la vida.
—¡Estoy preparado para desafiar a tu mejor guerrero! —exclamó el dios.

—Perfecto. Elli, ven aquí, te necesitamos —dijo el gigante haciendo retumbar su voz.

Cojeando visiblemente, se presentó una anciana encorvada y arrugada.

—¿Estás de broma? No voy a luchar contra una viejecita.

Thor no se creía lo que estaban viendo sus ojos.

—Elli es mi niñera, me enseñó el arte de la lucha cuando era un crío. Si yo fuera tú, no la subestimaría.

Thor resopló. Ese gigante tenía muchísimas ganas de tomarle el pelo. ¿Quería que luchara contra una anciana? Allá iba. Se concentró para empezar el combate y… «¡Adelante!».

Intentó derribar a su adversaria con uno de sus famosos «golpes a la Thor», pero la vieja Elli parecía hecha de piedra y, con un gesto rápido e implacable, consiguió inmovilizar a su adversario, que terminó cayendo al suelo de rodillas.

¡Menuda imagen! El dios pelirrojo nunca se había sentido tan humillado.

Al amanecer del día siguiente, Thor y sus amigos se disponían a marcharse. Vencidos en todos los frentes, el gigante no los acogería en su mansión.

—Debo revelaros algo —confesó Utgarda-Loki, sonriente, de pie en el portón de su residencia—. Os he engañado.

Loki abrió de par en par sus ojos verdes.

—¡¿Qué dices?! ¿Has hecho trampa? ¿Y cómo lo has conseguido?

—Añadí… una pizca de magia. Soy bueno con algunos truquitos.

Y, así, el gigante confesó todos los artificios que había utilizado durante los concursos.

En el desafío de la comida, Loki no había tenido que competir con un simple sirviente, sino con la personificación del fuego, capaz de devorarlo todo con sus llamas. Thjalfi se había enfrentado a la «fuerza del pensamiento», famosa por su velocidad. En la prueba de la bebida, Thor había tomado agua de un cuerno que tenía una extremidad hundida en el océano. Por mucho que bebiera, el dios no habría podido jamás drenar el mar. ¿Y el gato? No era un felino de verdad: debajo del pelo atigrado, se escondía Jormundgandr, la serpiente que es tan larga como el mundo. Y, finalmente, Elli, la niñera, era la encarnación de la vejez. Y el paso del tiempo, como es bien sabido, es inexorable.

—¡Por todos los yunques, nos has timado! ¡Estafador, ahora lo pagarás!

Lívido de rabia, Thor arrojó su martillo. Mjolnir revoloteó por el aire, amenazante, pero el rey de los gigantes salió volando formando un torbellino de viento y desapareció en la distancia.

—Muy hábil, este Utgarda-Loki. Hemos caído de lleno en su trampa —comentó Loki, con cierta admiración.

—Calla, no digas una palabra más. —El dios del trueno extendió su brazo y el martillo volvió a su mano—. Por un tiempo, no quiero oír hablar de gigantes, palabra de Thor.

Beowulf y la serpiente de fuego

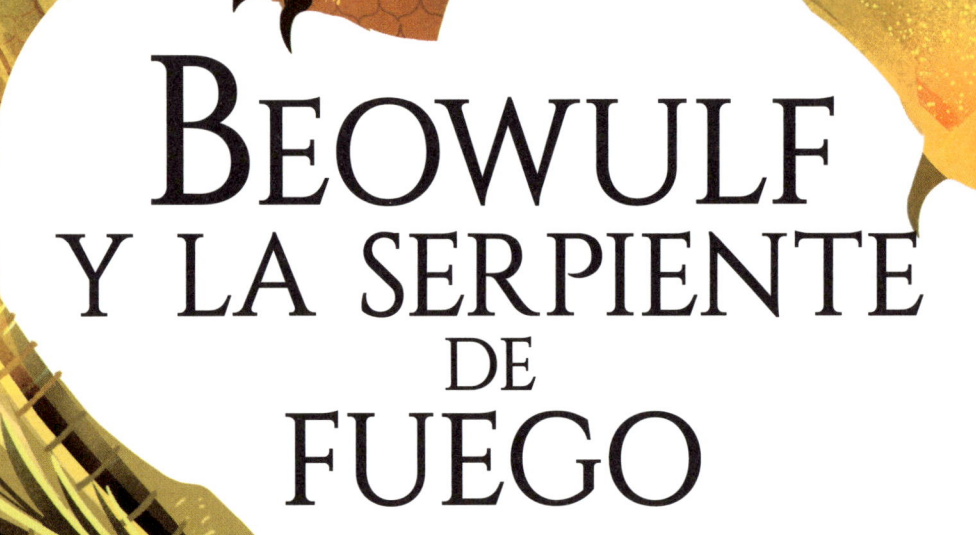

El rey Beowulf gobernaba en paz desde hacía muchos años. Ya en su juventud había sido un guerrero famoso por su generosidad. Se había embarcado con su pequeña flota para atravesar el mar de hielo y socorrer al rey de Dinamarca, amenazado por Grendel, un trol espantoso y malvado.

Después de derrotar al trol con sus propias manos, también acabó con la pérfida madre de Grendel, una ogresa con una fuerza extraordinaria. Desde entonces, las hazañas de Beowulf formaban parte de la leyenda.

Una vez vuelto a casa, su pueblo lo aclamó como nuevo soberano y, desde entonces, ocupaba su trono.

Los días pasaban tranquilamente en aquel gran castillo con torres almenadas, y la gente de la aldea cercana vivía en paz.

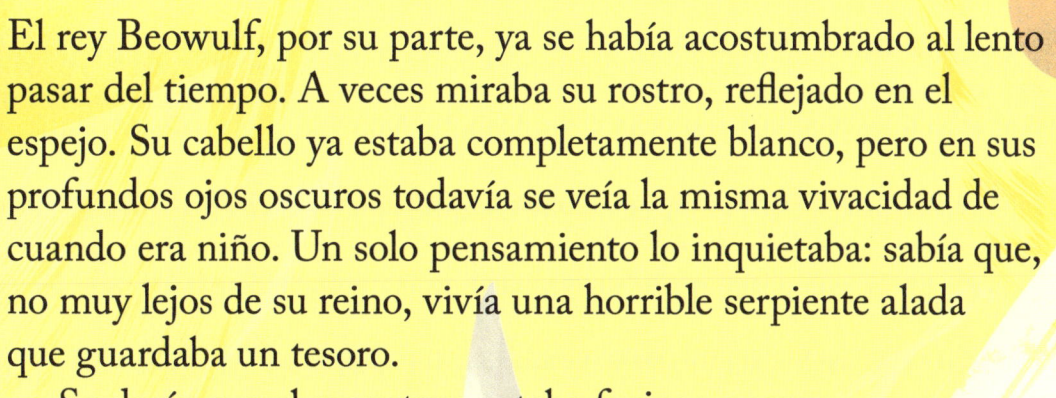

El rey Beowulf, por su parte, ya se había acostumbrado al lento pasar del tiempo. A veces miraba su rostro, reflejado en el espejo. Su cabello ya estaba completamente blanco, pero en sus profundos ojos oscuros todavía se veía la misma vivacidad de cuando era niño. Un solo pensamiento lo inquietaba: sabía que, no muy lejos de su reino, vivía una horrible serpiente alada que guardaba un tesoro.

Se decía que el monstruo estaba furioso porque alguien, tal vez un habitante de la aldea, había conseguido penetrar en su escondite y había robado un cáliz de oro. El rey había buscado por todas partes al culpable, sin éxito.

Una noche, un resplandor despertó a Beowulf. Se sentó en su cama y se dio cuenta de que su habitación estaba iluminada como si fuera de día. Salió corriendo.

En la pasarela de los centinelas, encima de la muralla, vio una escena escalofriante. El gigantesco dragón volador estaba desatando su furia sobre la aldea.

De las fauces del monstruo salía una lengua de fuego que alcanzaba la tierra destruyéndolo todo a su paso: casas, barcos, ganado… Los pobres aldeanos huyeron aterrados, perseguidos por la fuerza de aquella lluvia ardiente.

Después, la cruel serpiente salió volando hacia la montaña, dejando tras de sí un rastro de muerte y destrucción.

Los aldeanos lloraban desesperados.

—¡Ayuda, majestad, o el dragón acabará con nosotros!

En su juventud, Beowulf había derrotado monstruos terroríficos; ahora tampoco iba a echarse atrás.

—Sé dónde se esconde. Me enfrentaré a él —dijo, decidido.

Acompañado por algunos nobles y por su fiel sirviente Wiglaf, el soberano se puso en marcha. Al cabo de un día de viaje, llegó a la guarida del dragón.

De la cueva, excavada en la roca, salían ruidos siniestros. El rey y sus compañeros entraron con mucha cautela iluminando un poco aquella oscuridad con una sola antorcha.

Algo estaba crujiendo debajo de sus botas. *Crac, croc, escroc...* Wiglaf iluminó el camino. ¡Estaba cubierto de huesos y esqueletos humanos!

—¡Socorro! ¡Salgamos de aquí! ¡Sálvese quien pueda!

Salvo Beowulf y su sirviente, los demás integrantes de la expedición pusieron pies en polvorosa.

Al rato, los dos llegaron al corazón de la montaña. Relucientes estalactitas descendían del techo de la cueva y en el centro brillaba un inmenso tesoro de monedas, coronas, collares, diademas y pulseras.

Cómodamente enroscado sobre esos objetos deslumbrantes, con las garras afiladas clavadas entre las monedas de oro y la larga cola apoyada en las piedras preciosas, dormía el dragón.

—*Sssh*, acerquémonos sin hacer ruido —ordenó Beowulf al sirviente.

Y lo cierto era que la serpiente voladora tenía un oído muy fino. Al primer crujido, abrió sus diabólicos ojos amarillos y encorvó la espalda, haciendo con ello que temblara la cueva entera.

—Mortales, ¿cómo os atrevéis a entrar en mi guarida? ¡Ahora me lo pagaréis! —silbó el monstruo, abriendo sus fauces y desatando un chorro de llamas.

El escudo de madera de Wiglaf se desintegró en una nube de cenizas y el muchacho tuvo que buscar refugio detrás de su soberano.

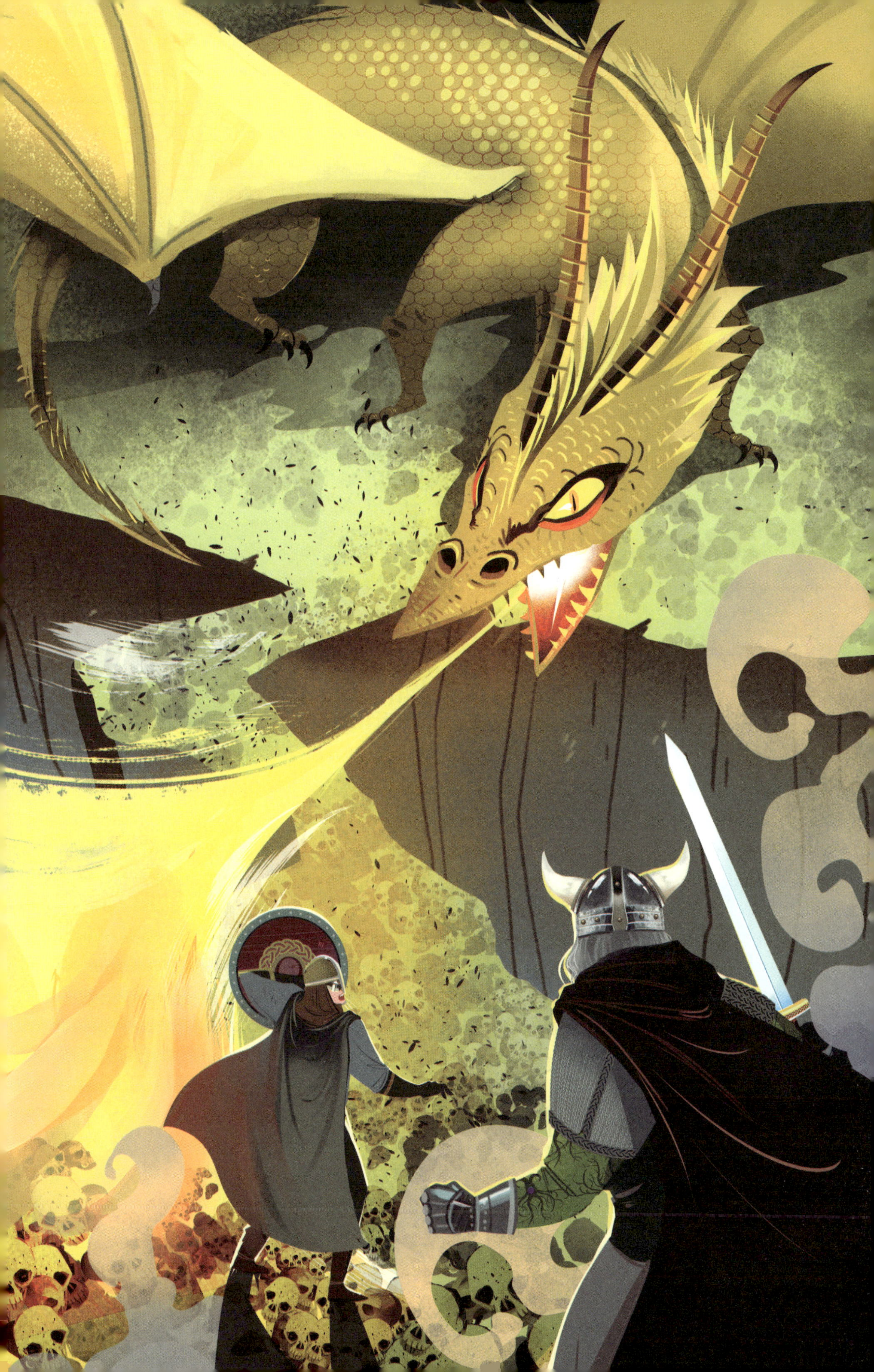

Deslizándose sobre sus anillos dorados, el dragón se preparaba para abalanzarse sobre aquellos dos molestos intrusos. En ese momento, el rey Beowulf reunió todas sus fuerzas y clavó su espada con mucho ímpetu entre los ojos del monstruo, hiriéndolo de gravedad.

Con un golpe sordo, el dragón cayó y se retorció en el suelo, expirando fuego y humo negro. Wiglaf empuñó una lanza larguísima y se la hundió a la altura del cuello. A partir de ese momento, la serpiente ya no pudo escupir lava ardiente. Después, Beowulf le asestó el golpe de gracia, atravesando el corazón del monstruo con su puñal. Wiglaf no tuvo tiempo de regocijarse: al instante se dio cuenta de que algo no iba bien. Beowulf yacía en el suelo y de su brazo ensangrentado caían gotas de veneno: justo antes de morir, la gigantesca serpiente alada lo había mordido. Desesperado, el sirviente arrastró a su rey fuera de la cueva.

—Mi fiel Wiglaf, ahora el tesoro es nuestro. Llévalo a mi gente, a la aldea —susurró el soberano, con un hilito de voz.

—Lo prometo, majestad. Contad con ello.

—Espero haber sido un buen rey.

—El mejor y el más querido de los reyes —dijo el joven con el rostro empapado de lágrimas.

Beowulf, sin embargo, ya no podía oírlo. Su espíritu estaba cabalgando, codo con codo con las valquirias, hacia el Valhala para reunirse allí con todos los héroes.

Thor en mitad del mar

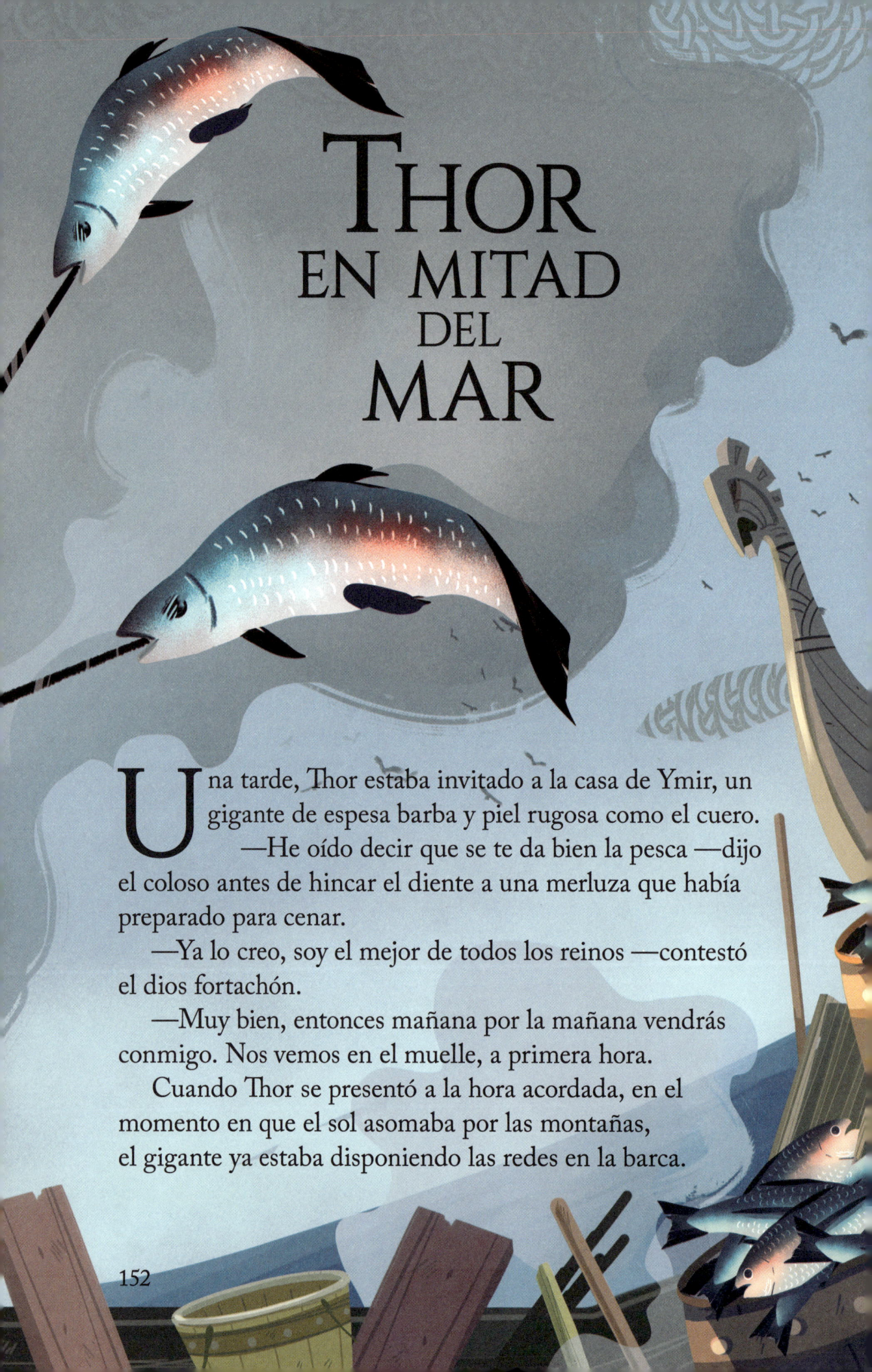

Una tarde, Thor estaba invitado a la casa de Ymir, un gigante de espesa barba y piel rugosa como el cuero.

—He oído decir que se te da bien la pesca —dijo el coloso antes de hincar el diente a una merluza que había preparado para cenar.

—Ya lo creo, soy el mejor de todos los reinos —contestó el dios fortachón.

—Muy bien, entonces mañana por la mañana vendrás conmigo. Nos vemos en el muelle, a primera hora.

Cuando Thor se presentó a la hora acordada, en el momento en que el sol asomaba por las montañas, el gigante ya estaba disponiendo las redes en la barca.

—¿Tienes cebo? —preguntó Thor.

—Sí, mi cebo es un cubo entero de gruesos gusanos. Tendrás que buscarte el tuyo —murmuró el gigante amenazador.

El dios pelirrojo no se hizo de rogar. En un prado cercano había dos bueyes pastando: capturó el más grande, lo mató, le cortó la cabeza y la metió en un saco. Después volvió a la barca.

Loco de rabia, Ymir exclamó:

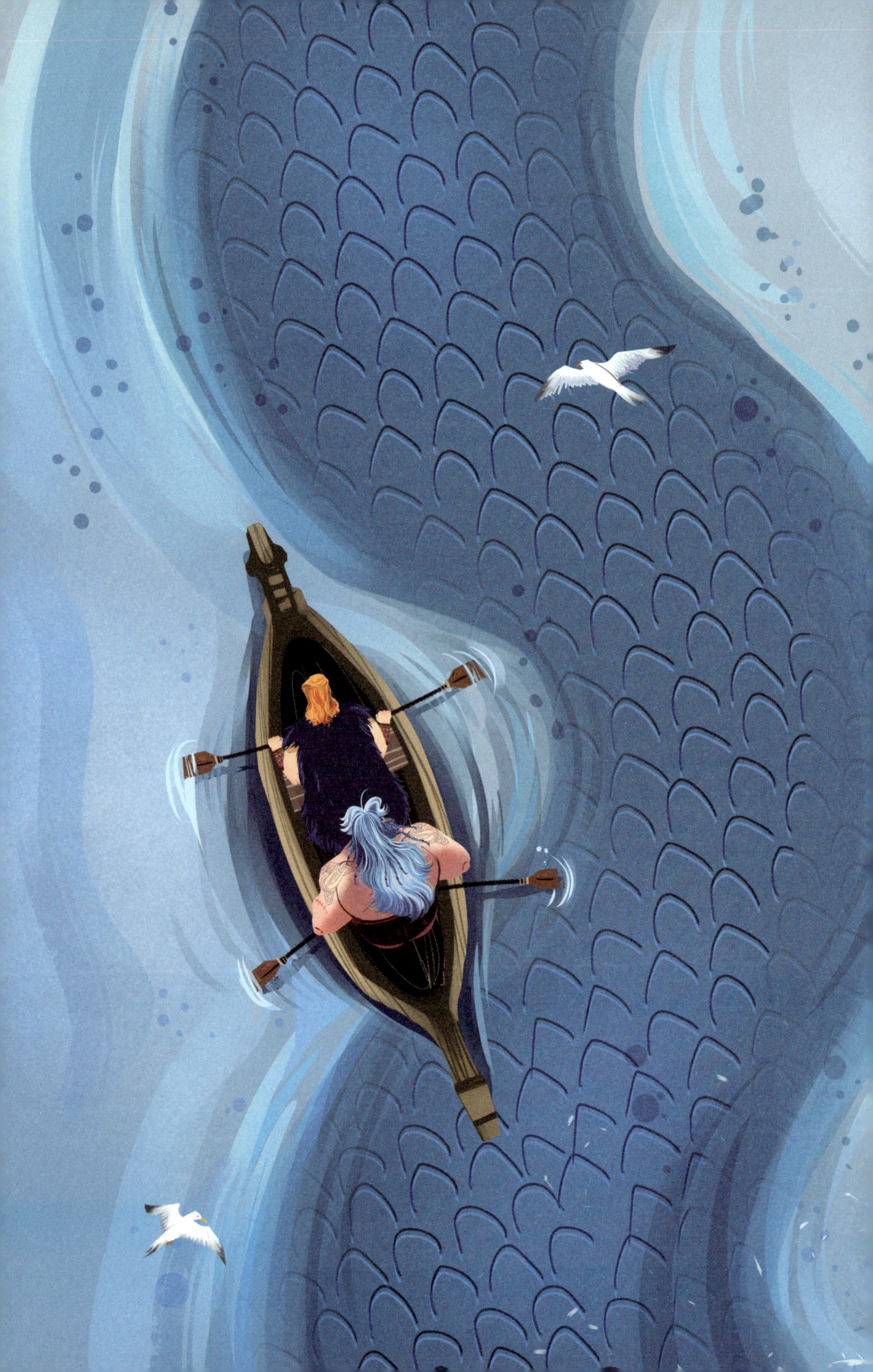

—¡Ese era el más imponente de mis bueyes!

—Tú has dicho que tenía que buscarme el cebo yo solo —le contestó Thor, tranquilo.

Entre gruñidos y palabrotas, el gigante levó el ancla.

—Iremos a un lugar donde se pescan lenguados tan grandes como ballenas.

Y, efectivamente, en un santiamén la red se llenó de lenguados gigantescos. Pero Thor ansiaba algo más:

—Salgamos a aguas abiertas, quiero llegar al centro del mar.

—¿Estás de broma? Es peligroso, podrías encontrarte con Jormundgandr, la serpiente que es tan larga como el océano —dijo temeroso el gigante.

—No digas tonterías. Tomaré yo los remos.

Dicho eso, Thor empezó a remar con todas sus fuerzas.

—¡Para! Ya estamos demasiado lejos —gritó el gigante. Pero Thor no solo no le hizo caso sino que clavó la cabeza de buey en un enorme anzuelo y, ¡*plaf*!, la lanzó a las olas.

El mar se volvió más oscuro, algo se estaba moviendo debajo de la superficie, y chorros de vapor subían hacia el cielo.

—¡Sálvese quien pueda! ¡La serpiente está aquí! —gritó Ymir, aterrado.

Una larga cresta de puntas afiladas surgió de las olas, los anillos de la serpiente eran tan largos que se perdían en el horizonte. El monstruo intentó volver a sumergirse en el abismo, pero había mordido el cebo de Thor y tenía el anzuelo clavado entre sus fauces.

—¡Para ya! ¡O moriremos los dos! —protestó Ymir.

—No pasa nada, lo tengo todo controlado —gritó Thor, agarrando el sedal con fuerza.

La serpiente resistió, se retorció y tiró con todas sus fuerzas. Subirla a la barca no iba a ser nada fácil.

El dios del trueno se ciñó el cinturón que multiplicaba por diez sus fuerzas y pegó dos golpes violentos con los pies contra la cubierta. Las tablas del bote se rompieron y él se quedó plantado con las piernas abiertas en el fondo del mar. La serpiente seguía pegando furiosos coletazos, levantando oleadas que sacudían la barca arriba y abajo. Con el anzuelo clavado, la imagen de aquel monstruo era aterradora.

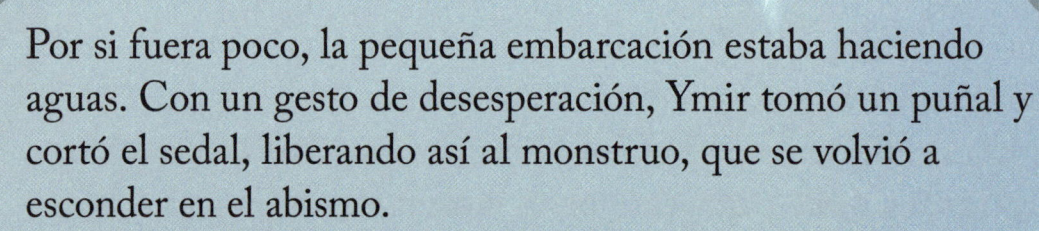

Por si fuera poco, la pequeña embarcación estaba haciendo aguas. Con un gesto de desesperación, Ymir tomó un puñal y cortó el sedal, liberando así al monstruo, que se volvió a esconder en el abismo.

—¡No! ¿Qué has hecho? —protestó Thor—. ¡Ya lo tenía!

—Nos estamos hundiendo, ¿no te das cuenta? —se justificó Ymir.

Thor, furioso, arrojó su martillo contra el gigante, pero este saltó al agua y consiguió esquivar aquellos implacables golpes.

Poco después, como una tormenta fugaz, así, también se calmó la rabia de Thor y, arrepentido por haberse enfadado con quien lo había acogido e invitado a su barca, repescó a Ymir.

Aquella tarde, en la distancia, los lugareños vieron cómo el dios pelirrojo volvía a puerto. Caminaba por el fondo del mar, con el agua a la altura del pecho. Llevaba la barca a los hombros, con el gigante y toda la carga de peces a bordo.

—Me ha entrado hambre. ¿Qué comemos hoy? —preguntó.

—Lenguados asados tan grandes como ballenas —contestó Ymir soltando un suspiro de alivio.

Erik el Rojo

Unos muros de piedra con techos de madera, cubiertos con terrones de hierba que llegaba hasta el suelo para protegerse de los vientos helados… La casa de Erik era una típica casa vikinga. En su interior, en la única estancia donde vivían todos, ardía un brasero. Los escudos y las armas familiares que engalanaban las paredes brillaban débilmente con la escasa luz que dejaban pasar las celosías. Como tantos de su pueblo, Erik el Rojo vivía de la caza y la pesca.

Sin embargo, los inviernos eran tan largos en el Gran Norte que, a veces, el joven soñaba con zarpar con su nave, un *drakkar* con la proa pintada y decorado con una cabeza de dragón, para salir en busca de un lugar mejor para vivir.

Valiente, intrépido, por todos conocido por su pelo color de fuego, Erik había oído decir que, al contrario de lo que contaban numerosas leyendas, hacia el oeste el mundo no tenía fin, que uno no caía en el abismo, ni moría devorado por la serpiente gigante Jormundgandr. En Occidente, como decían los marineros, había nuevas tierras por explorar.

Un día, más oscuro que los demás, el joven, de carácter bastante irascible, se vio envuelto en una pelea y acabó haciéndose enemigos. Aquella noche, después del desencuentro, se quedó despierto, con sus ojos escrutando el techo, acunado por la respiración de sus padres que dormían en un lecho de pieles de foca, a poca distancia del suyo.

Cuando empezó a amanecer, Erik ya estaba cargando su *drakkar*.

—Hijo mío, ¿dónde quieres ir? —le preguntó su madre, que se había acercado al muelle a todo correr, nada más levantarse.

—No me puedo quedar aquí, madre. Mis adversarios me quieren muerto. Zarparé y navegaré hacia el oeste.

Y, así, junto con algunos fieles compañeros, Erik desafió el océano. Al cabo de unos días de navegación, divisó la costa de unas tierras nuevas.

En cuanto desembarcó, se enamoró de aquel lugar. Las praderas se extendían tan lejos como alcanzaba la vista. Una manada de bueyes salvajes pastaba tranquilamente en la distancia.

—Nos asentaremos aquí y llamaremos esta isla Groenlandia, «tierra verde» —les anunció a sus compañeros.

Los colonos vikingos vivían felices en aquellas nuevas tierras, pero se dieron cuenta enseguida de que en Groenlandia faltaban bosques: para encontrar leña tenían que esperar que la marea dejara troncos en la orilla.

Para asegurarse la madera, comenzaron a hacer negocios con los pueblos vecinos. Intercambiaban pieles y colmillos de morsa por bienes valiosos para ellos como la preciada leña, pero también el hierro o la sal.

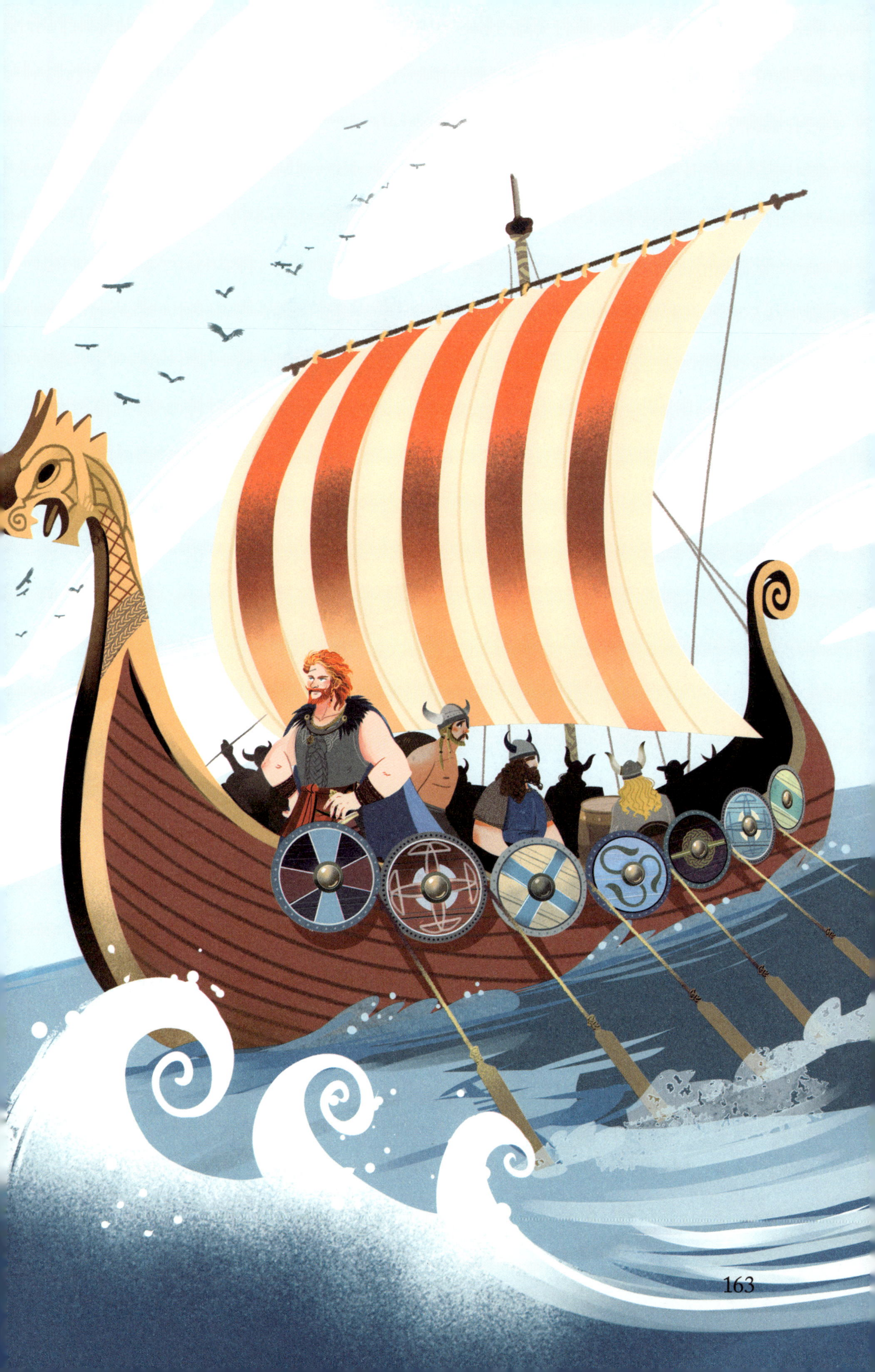

Pasaron varios años y Erik tuvo hijos. Uno de ellos, Leif Erikson, se parecía mucho a su padre. Siempre tan inquieto como él cuando era niño, la aldea le quedaba pequeña.

Un día, Erik encontró a su hijo sentado entre los arbustos de un fiordo.

—Me quiero marchar, padre. Navegaré hacia el oeste —le dijo Leif.

—Ya estamos en Occidente, no encontrarás nada más allá —le advirtió Erik.

—He oído hablar de tierras lejanas. Vayamos juntos —añadió el chico.

Erik hacía poco que se había caído de su caballo y tenía herida una pierna: no podía emprender un nuevo viaje.

—No me siento con fuerzas para volver a zarpar, lo sabes, pero tampoco puedo prohibirte que marches. Reconozco en ti la curiosidad que tenía yo. También sé que no podré detenerte.

Y, así, el joven Leif se despidió de su padre y zarpó de Groenlandia con sus compañeros rumbo hacia el oeste.

Se sucedían los días y no veían rastro de ninguna costa. De repente, una niebla espesa surgió del mar y envolvió todo. A ratos parecían estar navegando en leche.

Los marineros se pusieron nerviosos y, cada vez más alterados, alguno empezó a insinuar que Leif se había vuelto loco.

—Eres un mentiroso. ¡No existen más tierras al oeste!

Cuando ya habían perdido toda esperanza, como saliendo de la nada, los vikingos entrevieron el perfil de una isla. Cuanto más se acercaban a la orilla, más se alejaba la niebla, hasta que el lugar se reveló ante sus ojos en todo su esplendor. Era una tierra llena de bosques, en cuyos ríos saltaban los salmones y en cuyos campos crecían cereales de forma natural.

Leif degustó una fruta que no había probado en toda su vida: la uva, unos granos dulcísimos y riquísimos.

—Llamaremos a este lugar Vinland, «tierra de viña» —declaró con orgullo el hijo de Erik.

Encontró una zona encantadora cercana a una bahía y allí, junto con sus compañeros, construyó una aldea hecha de típicas casas vikingas, con el tejado de terrones de hierba y las paredes de piedra, como las de sus abuelos. Leif Erikson avistó el océano, las olas espumeantes que rompían sobre la orilla, y pensó que los hombres no deberían dejar nunca de explorar y buscar nuevas tierras. No podía saberlo, pero se encontraba en la isla de Terranova, en Canadá. Leif el Vikingo, hijo de Erik el Rojo, había desembarcado sobre un nuevo continente, aquel que siglos después se llamaría América.

Balder y el Poder del Muérdago

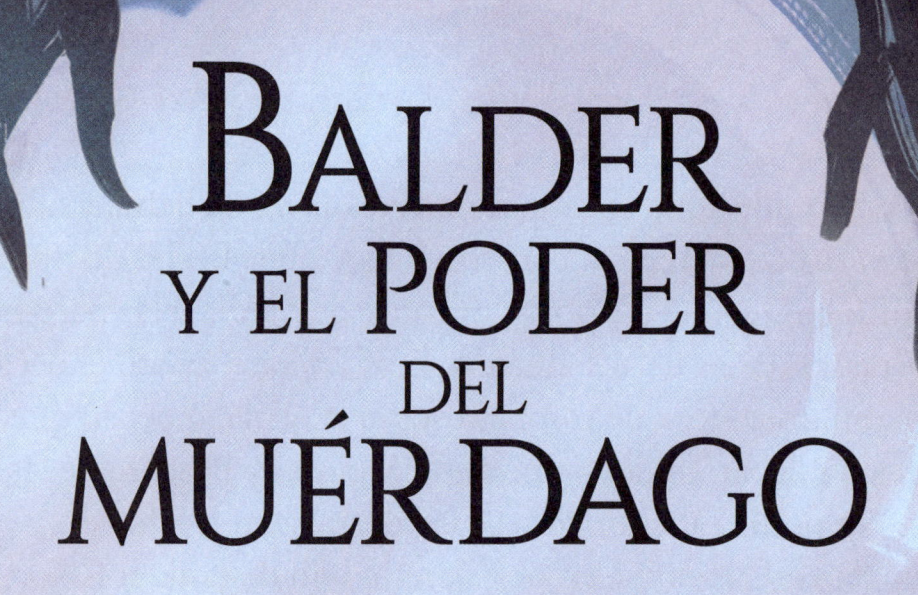

Generoso, justo, sabio, amable, apuesto, bueno... Todos esos adjetivos eran perfectos para definir a Balder, el hijo de Odín y Frigg.

Sin embargo, a pesar de ser tan querido por todos, el dios estaba preocupado y tenía pesadillas. En cuanto cerraba los ojos, veía monstruos horribles, surgiendo de las entrañas de la tierra para llevárselo lejos, por cuevas oscuras y antros en llamas.

—Estoy preocupado por nuestro hijo, sigue soñando con cosas extrañas. Temo que su vida corra peligro —le confió Odín a su esposa.

Los cuervos que estaban posados en sus hombros asintieron con sus picos.

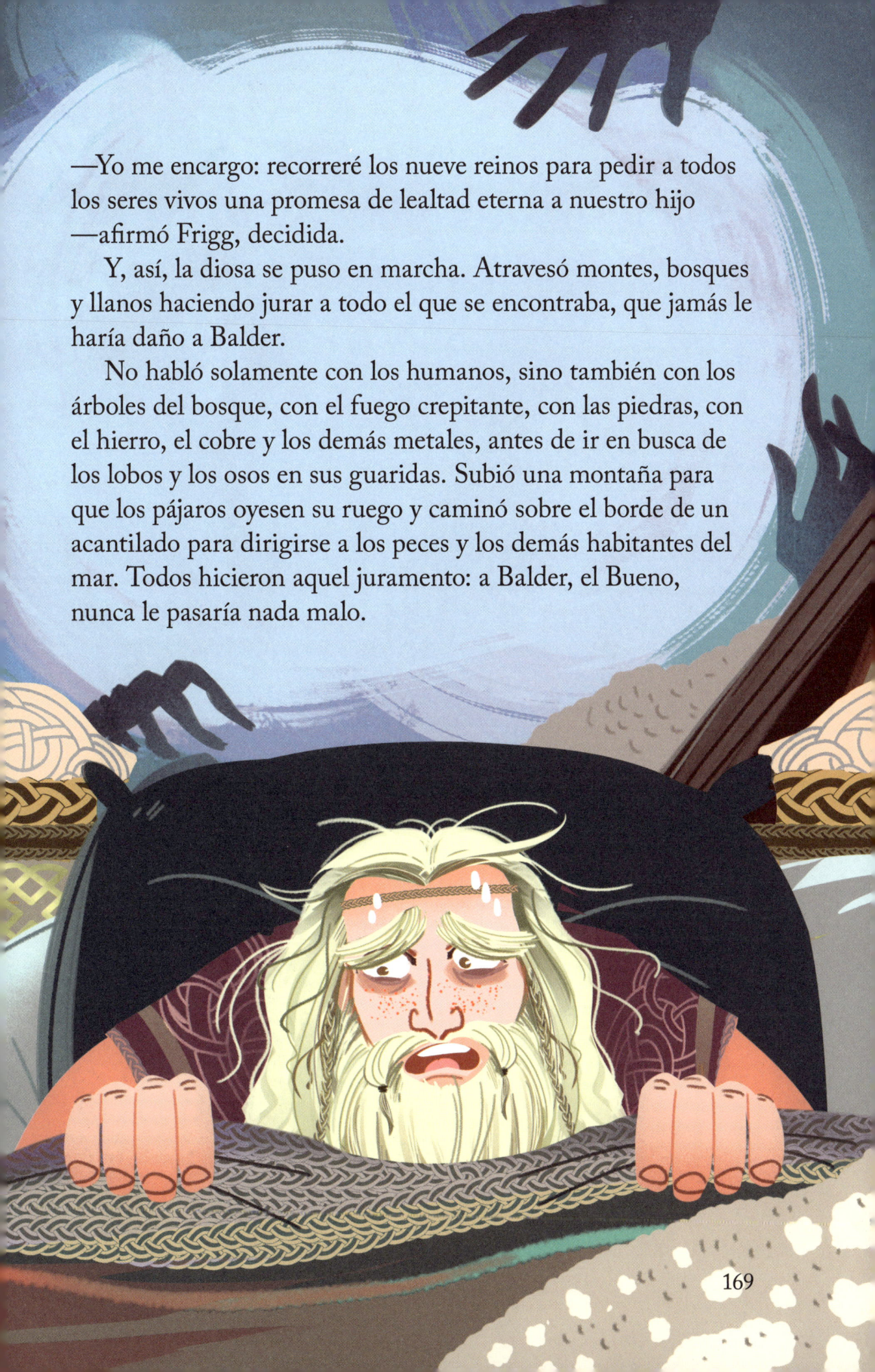

—Yo me encargo: recorreré los nueve reinos para pedir a todos los seres vivos una promesa de lealtad eterna a nuestro hijo —afirmó Frigg, decidida.

Y, así, la diosa se puso en marcha. Atravesó montes, bosques y llanos haciendo jurar a todo el que se encontraba, que jamás le haría daño a Balder.

No habló solamente con los humanos, sino también con los árboles del bosque, con el fuego crepitante, con las piedras, con el hierro, el cobre y los demás metales, antes de ir en busca de los lobos y los osos en sus guaridas. Subió una montaña para que los pájaros oyesen su ruego y caminó sobre el borde de un acantilado para dirigirse a los peces y los demás habitantes del mar. Todos hicieron aquel juramento: a Balder, el Bueno, nunca le pasaría nada malo.

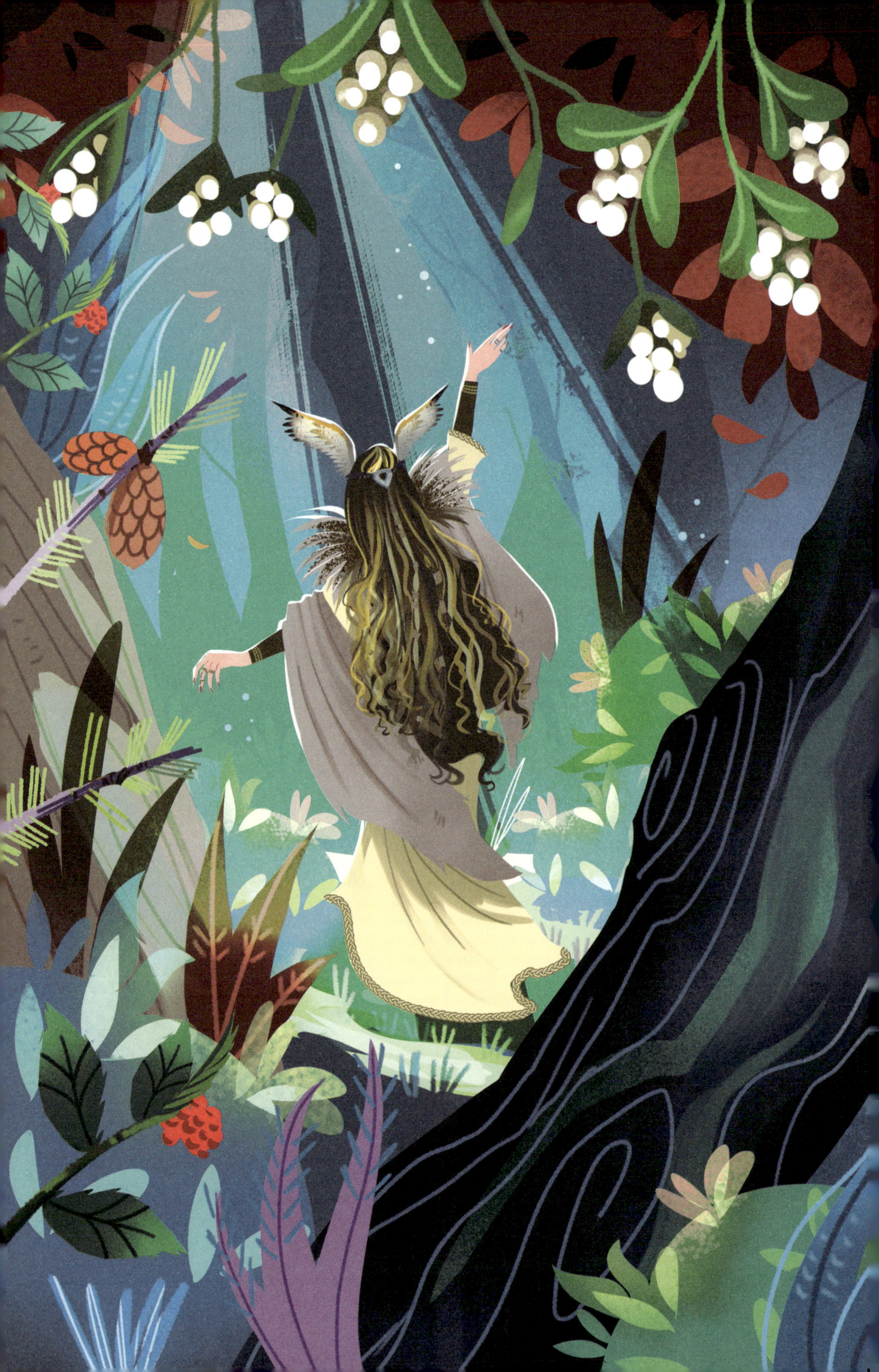

A Frigg solo se le pasó por alto una criatura: una rama de muérdago que crecía en el tronco de un roble. Aquella plantita de hojas verdes, decoradas con bayas traslúcidas, le parecía poca cosa como para tenerla en cuenta y, por tanto, no habló con ella, y regresó a Asgard.

—Hijo mío, nada puede hacerte daño, eres el más querido de todos nosotros —anunció la diosa.

Balder escrutó a su madre con sus grandes ojos, color miel. Un velo de tristeza cubrió sus rasgos perfectos.

—No puede ser...

—Créeme, eres invencible.

Para demostrar que era verdad lo que estaba diciendo, Frigg recogió una piedra del suelo y la lanzó contra su hijo. Antes de impactar en la cara del dios, la piedra se desintegró dejando una inofensiva nube de polvo.

Gritos de alegría se extendieron entre el público, incluso Balder lucía una sonrisa.

Poco después, para animar al guerrero melancólico, los otros dioses y amigos empezaron a probar sus armas contra él. Entre risas y exclamaciones de sorpresa, la plaza se llenó de curiosos. Las flechas se rompían y caían al suelo, las antorchas que le lanzaban se apagaban en pleno vuelo, las lanzas estallaban a medio camino… Hasta las espadas se ablandaban antes del primer contacto con el torso de Balder. Apoyado en una columna del pórtico, oculto bajo de una capucha, Loki se reía, mirando el espectáculo.

—Pero ¿por qué se ríen tanto? Golpear a un dios invencible no tiene gracia.

En ese momento, la diosa Frigg pasó por allí y Loki hizo una de sus famosas transformaciones. Cerró la capa, giró sobre sí mismo y se convirtió en mujer.

—Pobre Balder, ¿es necesario atacarlo así? ¡Me da mucha pena! —insinuó la mujer-Loki con voz melancólica.

—Muchas gracias por preocuparte, pero no pasa nada, nadie puede hacerle daño a mi hijo —contestó Frigg.

—¿De verdad? Entonces, ¡tu hijo tiene poderes mágicos!

—No exactamente, pero las criaturas de los nueve reinos lo quieren mucho. Han jurado no hacerle daño —reveló ella.

—¿Todos han hecho ese juramento?

Una luz verdosa brillaba en los ojos de aquella desconocida. A Frigg le recordaba a alguien, pero no acertaba a saber a quién.

—No se lo pedí al muérdago, pero como es una plantita tan insignificante… —le confesó la diosa, e, ignorando el desastre que provocaría aquella revelación, se marchó.

Tras adoptar de nuevo su aspecto habitual, Loki se acercó a un hijo de Odín. Hodr, un dios ciego, se había quedado al margen mientras en la plaza los guerreros continuaban atacando a Balder para poner a prueba su invulnerabilidad.

—¿Te aburres, verdad, Hodr? —susurró Loki.

—Un poco. Mis compañeros se ríen a carcajadas y no acabo de entender por qué —murmuró.

—Están jugando a golpear a tu hermano. Balder se ha hecho invencible.

—¡Qué suerte tiene!

—¿Por qué no lo intentas tú también? Coge esta flecha.

Muy rápido, el dios del engaño colocó en las manos de Hodr una ramita de muérdago cuya punta había afilado hábilmente.

—No te hagas el gracioso, no veo nada, fallaré la diana —se defendió el dios ciego.

—Te ayudaré, no temas.

Así, con la ayuda de Loki, lanzó la ramita de muérdago. La flecha mortal voló inexorablemente y se hundió en el corazón de Balder.

El dios, para asombro de todos, cayó a tierra. Aquel que hasta entonces había sido un día de alegría terminó en tragedia. Gritos, llantos, lamentos… Asgard entero estaba conmocionado por la muerte de Balder.

Hodr temblaba, desconcertado, y se dio cuenta entonces de que había sido víctima de una trampa.

Heimdal, el dios guardián, miró alrededor, furioso. Sabía que, detrás de aquel delito, tenía que estar el malvado Loki, pero el astuto había escapado y era imposible saber adónde.

Destrozados por el dolor, Odín y Frigg subieron el cuerpo de Balder a bordo de una nave. Después, le prendieron fuego y se quedaron mudos, esperando que las llamas devorasen el casco, llevándose con él a su queridísimo hijo.

Frigg, sin embargo, no quería resignarse a aquella muerte injusta y no estaba tranquila. Odín, entonces, llamó a otro de sus hijos, Hermod, apodado «el Valiente».

—A lomos de Sleipnir, mi corcel, cabalga hasta el reino del inframundo. Debes hablar con la reina y pedirle que nos devuelva a Balder.

En la residencia infernal, la reina Hela dio la bienvenida al mensajero con su sonrisa de calavera.

—Balder era muy una buena persona y por eso quiero ayudarte —dijo la diosa—. Lo devolveré entre los vivos, pero solo si todos los habitantes de los nueve reinos lloran por él. Si no, habrá muerto para siempre. —Entonces, Hela despidió al mensajero extendiendo su mano esquelética—: Ahora, márchate y tráeme noticias cuanto antes.

Hermod recorrió los nueve reinos y pidió que lloraran a su hermano a todas las plantas, animales, montañas, rocas, humanos, gigantes y dioses, elfos blancos y elfos oscuros. Todas las criaturas del cosmos suspiraban por Balder y el árbol Yggdrasil entero estaba bañado por una lluvia de lágrimas.

—Hela se verá obligada a liberarlo —se dijo satisfecho el mensajero.

Sin embargo, Thok, una giganta que vivía en una cueva, hizo vana toda esperanza.

—No me importa nada Balder. No lloraré por él —declaró la anciana. Cerró la puerta en las narices a Hermod y lo dejó hundido.

Hela fue implacable, no quiso atender a razones.

—Un pacto es un pacto. Había pedido que todos lloraran por Balder, pero al parecer hay alguien que no lo echa de menos. Así está decidido: el hijo de Odín se quedará conmigo.

Y, así, Balder permaneció atrapado entre los difuntos.

De vez en cuando, durante los meses siguientes, el mensajero desesperado volvía a pensar en su fracasada expedición.

—Thok era fea, con el rostro lleno de verrugas. Sin embargo, sus ojos color verde esmeralda me recordaban a alguien —le comentó un día a Heimdal.

—La giganta era Loki transformado, estoy seguro —dijo este.

Aquel día, el guardián del puente del arcoíris hizo una promesa solemne: tarde o temprano, el dios del engaño pagaría un precio muy caro por su malvada acción.

RAGNAROK, LA BATALLA FINAL

Odín siempre había sabido la verdad. Cuando el rey de los dioses todavía era joven, una hechicera le había leído el futuro.

—El dominio de los Æsir llegará a su fin.

Así se lo había anunciado la vidente.

En este mundo, todo acaba. Ni siquiera las deidades de Asgard podían escapar a su destino y un día, en un futuro lejano, llegaría el momento de la batalla final: Ragnarok.

Como decía la profecía, un día, el larguísimo invierno anunció el fin de todo.

La nieve y el hielo castigaron los nueve reinos durante tres años seguidos. Dos lobos famélicos, Skoll y Hati, devoraron el sol y la luna. La oscuridad cayó sobre el árbol del mundo Yggdrasil y potentes terremotos lo sacudieron de la raíz a la copa. Y entonces, como siempre habían temido los dioses, haciendo que se doblara bajo su enorme peso, los gigantes cruzaron el puente del arcoíris para invadir Asgard.

Heimdal, el dios guardián, tocó su cuerno.

La oscura melodía de Gjallarhorn
se propagó por la ciudad de los dioses.
Había empezado la invasión. Desde el castillo de Valhalla, los guerreros einheriar salieron por el portón, preparados para el enfrentamiento, guiados por las valquirias y por Odín, que lucía su brillante armadura de oro. A la vez, las fuerzas del mal se estaban levantando. Fenrir, el lobo gigantesco, fue liberado de la cadena mágica que lo había mantenido prisionero, mientras su hermano Jormundgandr, la serpiente tan larga como el océano, surgía de las profundidades del abismo.

En el mar tormentoso, una nave negra levó anclas. Se llamaba *Naglfar* y era un *drakkar* infernal que transportaba a una diosa con medio rostro de muerte y medio de vida: Hela, la soberana del inframundo. En el timón, con la cara azotada por las olas heladas, estaba Loki, el dios del engaño, padre de tres hijos monstruosos: el lobo, la serpiente y la reina de la oscuridad.

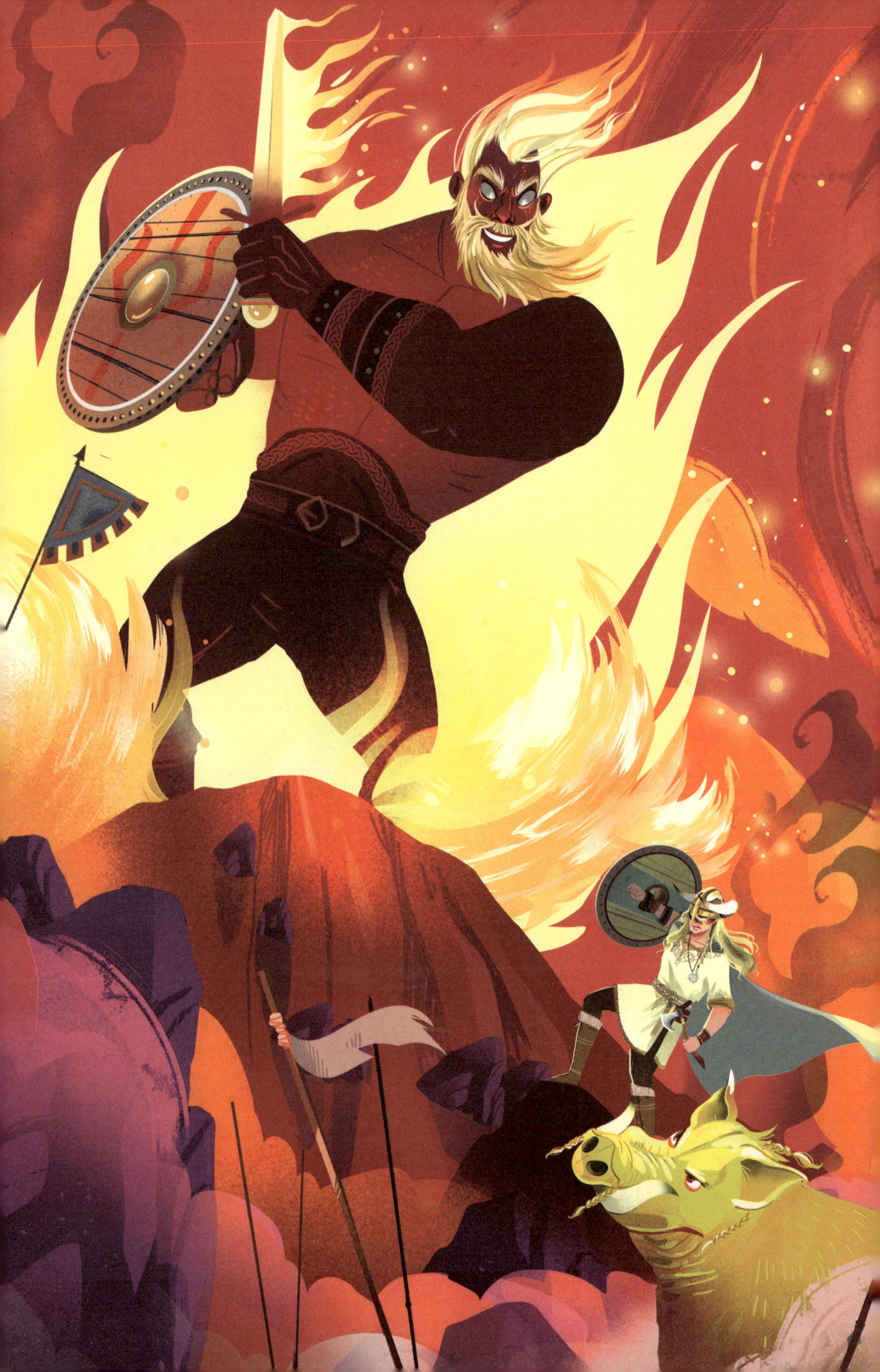

En la llanura desierta de Vigrid, se inició el combate. Freyr fue el primero en caer. Se había enfrentado a Surt, el gigante de fuego. El dios solar era un guerrero muy hábil, pero ya no tenía su espada, porque se la había regalado al elfo Skirnir hacía muchos años. En ese momento se arrepintió de haberlo hecho, porque acabó sucumbiendo bajo los golpes violentos de su colosal adversario.

Avanzando con la punta de su lanza hacia una hilera de dientes afilados, Odín se preparó para enfrentarse al más espantoso de los enemigos, el lobo Fenrir. El rey de los dioses luchó con todas sus fuerzas, pero la bestia lo atacó desde lo alto y Odín se vio engullido por sus gigantescas fauces.

El divino Thor se encaró con la serpiente Jormundgandr. Los anillos del reptil aplastaron al dios pelirrojo, que arrojó su infalible martillo contra la cabeza del monstruo. Mjolnir lanzó sus golpes implacables, infligiendo heridas mortales a la serpiente. Jormundgandr soltó un silbido rabioso, pero, aun agonizante, consiguió hundir sus dientes en la carne del dios del trueno, inyectándole todo su veneno. Thor avanzó unos pasos, antes de caer a tierra y jadear entre el polvo.

Muchos dioses murieron en aquella histórica batalla, el último, Heimdal.

Empujado por el deseo de vengar la muerte de Balder, el dios guardián se lanzó contra el turbio Loki, padre de los monstruos y responsable de tantas ofensas.

Entre saltos, golpes y agilísimos movimientos, Loki intentó confundir al guerrero del puente con su astucia, pero finalmente no consiguió evitar la pelea. Los dos combatieron cuerpo a cuerpo y acabaron matándose el uno al otro.

Al final de aquel día tan desdichado, en el campo ensangrentado, solo sobrevivió el gigante Surt, que se dedicó a prender fuego por todas partes con su espada ardiente.

Tras la batalla de Ragnarok, el mundo quedó cubierto de ceniza. El silencio reinaba en la llanura de Vigrid.

Sin embargo, como había adivinado la vidente hacía muchos años, ni siquiera aquella batalla logró acabar con el mundo. Poco a poco, las aguas del mar se calmaron y, de las olas, surgió un nuevo continente, verde y fértil. Algunos jovencísimos dioses, que habían sobrevivido a la guerra, fundaron una nueva ciudad.

Dos de ellos se llamaban Vidar y Vali y eran hijos de Odín. Otros dos, Modi y Magni, eran hijos de Thor y habían heredado su valentía y su fuerza.

Balder, el dios que había dado esperanza a todos, volvió desde su cárcel en el inframundo, junto con su esposa Nanna y su hermano Hodr, el dios ciego.

Un día, paseando por una pradera de su nuevo reino, Balder encontró, abandonados en el suelo, los peones de un ajedrez. Los reconoció. Eran de oro y representaban las deidades de Asgard: Thor, Odín, Loki, Heimdal y todos los demás.

Los dioses difuntos solían utilizarlos para sus largas partidas y se divertían muchísimo imaginando batallas feroces entre dioses y monstruos.

Balder contempló la puesta de sol, una luz roja se extendía sobre los campos, llenos de grano maduro. Enterró los peones bajo las raíces de un árbol frondoso y volvió a su casa. Su estirpe no volvería a jugar con el destino jamás.

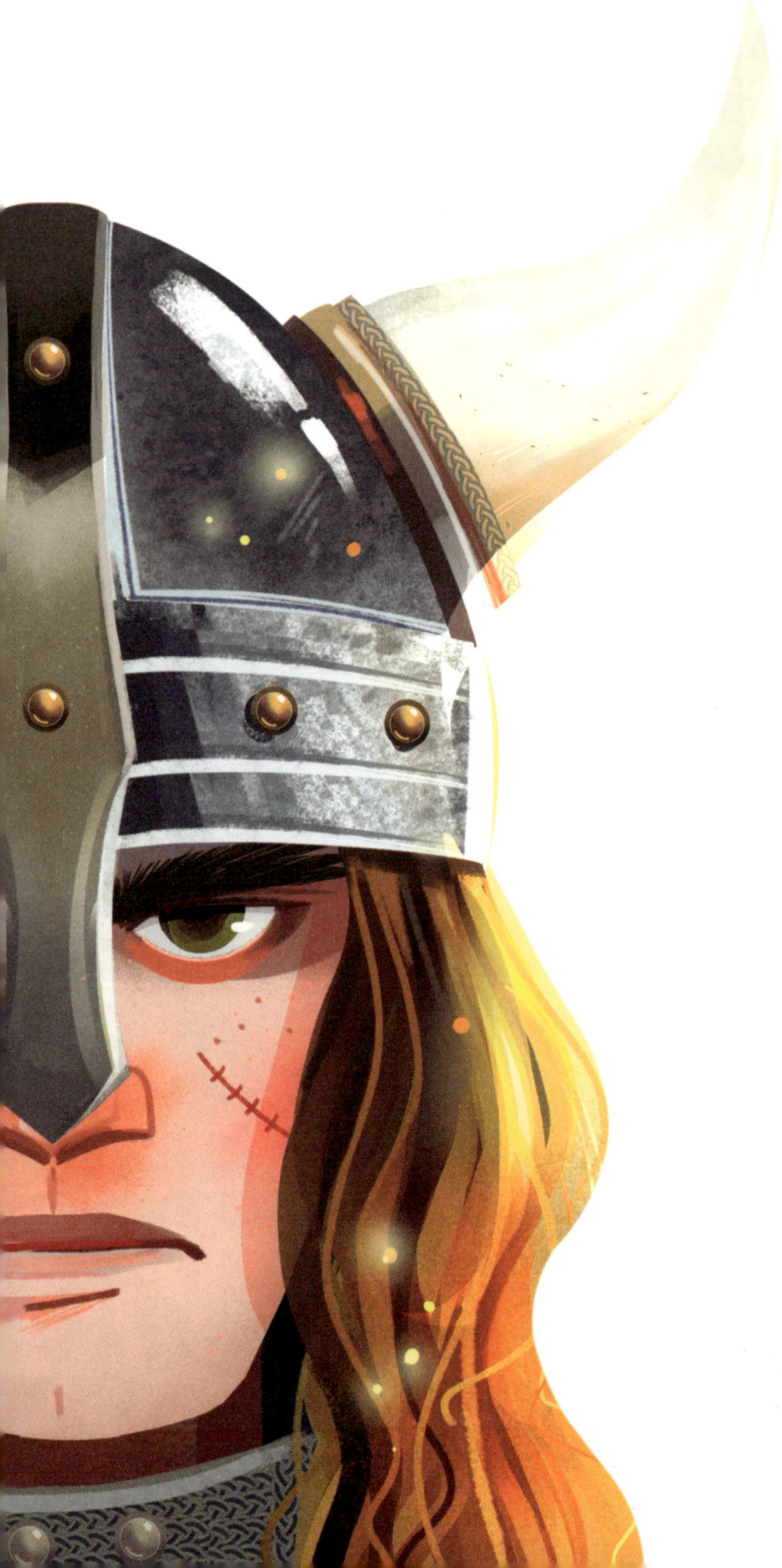

ÍNDICE

Entre mito e historia 5
El árbol del mundo 6
Odín y la fuente de Mímir 10
La guerra de los dioses 20
Freya y el maestro constructor 30
Las manzanas de la juventud 40
Hela, reina de la oscuridad 50
El tesoro de los enanos 60
Tyr y el lobo 72
Los machos cabríos de Thor 82
El dios Freyr y la giganta Gerd 90
Valquirias, las guerreras del cielo 98
Sigfrido y la sangre del dragón 106
El robo de Mjolnir 116
La elección de Skadi 126
Thor contra los gigantes 134
Beowulf y la serpiente de fuego 144
Thor en mitad del mar 152
Erik el Rojo 160
Balder y el poder del muérdago 168
Ragnarok, la batalla final 180